Impactstarke Präsentationen

Beeindrucken mit PowerPoint und Copilot M365

Barbara Mayer

Impactstarke Präsentationen

Beeindrucken mit PowerPoint und Copilot M365

Veröffentlicht von
Barbara Mayer

ISBN
9798281942898

Urheberrechtshinweis

Haftungsausschluss:

INHALTSVERZEICHNIS

EINLEITUNG

Kennen Sie diese Situation? Es ist Montagmorgen, und Sie erhalten eine E-Mail von Ihrem Vorgesetzten: „Bitte bereiten Sie für Donnerstag eine überzeugende Präsentation zum aktuellen Projektstand vor." Ihr Terminkalender ist bereits voll, und Sie spüren sofort dieses bekannte Gefühl der Anspannung. Woher sollen Sie bloß die Zeit nehmen, eine wirklich ansprechende Präsentation zu erstellen?

Diese Herausforderung begleitet mich seit Jahren in meiner Arbeit als Trainerin und Beraterin. Unzählige Fach- und Führungskräfte stehen regelmäßig vor diesem Dilemma: Sie möchten beeindruckende Präsentationen erstellen, die ihre Botschaft klar vermitteln und das Publikum mitreißen – aber der Zeitdruck ist enorm, und die Werkzeuge scheinen manchmal eher im Weg zu stehen, als wirklich zu helfen.

PowerPoint ist seit Jahrzehnten das Standard-Tool für Präsentationen. Viele von uns verbringen Stunden damit, Folien zu erstellen, Designelemente anzupassen und die richtigen Worte zu finden. Wir kennen alle das Gefühl, wenn wir vor dem leeren Bildschirm sitzen und nicht wissen, wo wir anfangen sollen. Oder wenn wir bis spät in die Nacht an einer Präsentation feilen, weil das Design einfach nicht stimmig wirkt.

Doch die Arbeitswelt hat sich verändert. Zeit ist kostbarer denn je. Die Anforderungen an visuelle und inhaltliche Qualität steigen kontinuierlich. Gleichzeitig erleben wir eine Revolution durch künstliche Intelligenz, die nahezu jeden Bereich unseres Arbeitslebens transformiert. Mit Copilot M365 hat Microsoft ein leistungsstarkes KI-Tool geschaffen, das unser Arbeiten mit PowerPoint grundlegend verändert. Es ist, als hätten wir plötzlich einen persönlichen Assistenten, der uns beim Brainstorming, bei der Erstellung von Inhalten und beim Design unterstützt.

In meinen Trainings und Workshops sehe ich immer wieder die Begeisterung in den Gesichtern der Teilnehmer, wenn sie zum ersten Mal erleben, wie Copilot ihre Arbeit mit PowerPoint revolutioniert. Eine Marketingleiterin erzählte mir kürzlich: „Was früher einen ganzen Tag in Anspruch nahm, schaffe ich jetzt in zwei Stunden – und das Ergebnis ist noch besser als zuvor."

Genau hier setzt dieses Buch an. Ich möchte Ihnen zeigen, wie Sie mit der Kombination aus PowerPoint und Copilot M365 in kürzester Zeit impactstarke Präsentationen erstellen können. Dabei geht es nicht darum, die KI einfach machen zu lassen. Es geht darum, die Stärken dieser Technologie gezielt für Ihre Ziele einzusetzen und gleichzeitig Ihre eigene Kreativität und fachliche Expertise einzubringen.

Was können Sie von diesem Buch erwarten? Ich führe Sie Schritt für Schritt in die Welt des KI-gestützten Präsentierens ein. Wir beginnen mit den Grundlagen: Wie richten Sie Copilot optimal ein? Wie formulieren Sie effektive Anweisungen, um genau die Ergebnisse zu bekommen, die Sie sich wünschen? Anschließend tauchen wir tiefer ein: Wie können Sie Copilot nutzen, um binnen Minuten eine überzeugende Präsentationsstruktur zu entwickeln? Wie lassen sich Texte präzise formulieren und verfeinern? Wie finden Sie das perfekte Design und passende Bilder? Und schließlich: Wie setzen Sie Daten wirkungsvoll in Szene und entwickeln ein fesselndes Storytelling?

Auf jeder Stufe dieser Reise teile ich konkrete Beispiele, praxiserprobte Prompts und Techniken, die ich in meiner täglichen Arbeit mit Kunden entwickelt habe. Sie erhalten nicht nur theoretisches Wissen, sondern handfeste Werkzeuge, die Sie sofort in Ihrem Arbeitsalltag einsetzen können.

Mein Versprechen an Sie: Nach der Lektüre dieses Buches werden Sie Präsentationen erstellen, die nicht nur optisch überzeugen, sondern auch inhaltlich beeindrucken – und das in einem Bruchteil der Zeit, die Sie bisher dafür aufgewendet haben. Sie werden den gefürchteten leeren Bildschirm überwinden, Designblockaden hinter sich lassen und sich stattdessen auf das konzentrieren können, was wirklich zählt: Ihre Botschaft und deren Wirkung auf Ihr Publikum.

Warum ist das so wichtig? Weil überzeugende Präsentationen einen entscheidenden Unterschied machen können. Sie können Projekte vorantreiben, Kunden gewinnen, Teams motivieren und Karrieren fördern. In unserer informationsüberfluteten Welt ist die Fähigkeit, komplexe Inhalte klar, visuell ansprechend und wirkungsvoll zu kommunizieren, wertvoller denn je.

Ich erinnere mich an einen Projekt-Controller, der zu meinem Workshop kam. Er war skeptisch, ob Copilot ihm wirklich helfen könnte. Seine Präsentationen waren solide, aber nicht besonders einprägsam. Nach zwei Tagen hatte er eine Quartalspräsentation erstellt, die nicht nur alle relevanten Zahlen enthielt, sondern diese auch in eine packende Geschichte einbettete, unterstützt durch klare Visualisierungen und einen roten Faden. „Das ist die erste Präsentation, auf die ich wirklich stolz bin", sagte er am Ende. Sein Management war so beeindruckt, dass er fortan regelmäßig gebeten wurde, die Zahlen zu präsentieren – eine Aufgabe, die zuvor niemand übernehmen wollte.

Solche Transformationen erlebe ich regelmäßig. Es geht nicht darum, einfach „bessere Folien" zu erstellen. Es geht darum, Ihre Kommunikation auf ein neues Level zu heben und dabei Zeit zu sparen, die Sie für andere wichtige Aufgaben nutzen können.

Dieses Buch ist für Sie, wenn Sie:

- Häufig Präsentationen erstellen und dabei Zeit sparen möchten

- Mit Ihren Präsentationen wirklich überzeugen und beeindrucken wollen

- Die Möglichkeiten von Copilot M365 in PowerPoint voll ausschöpfen möchten

- Sich von der Angst vor dem leeren Bildschirm und Designblockaden befreien wollen

- Nach einer strukturierten Methode suchen, um konsistent hochwertige Präsentationen zu erstellen

Ich habe dieses Buch so gestaltet, dass es sowohl für Einsteiger als auch für fortgeschrittene PowerPoint-Nutzer wertvoll ist. Sie können es von Anfang bis Ende durcharbeiten oder gezielt die Kapitel auswählen, die für Ihre aktuelle Herausforderung relevant sind.

Mein Ziel ist es, Ihnen nicht nur zu zeigen, was Copilot kann, sondern wie Sie mit diesem Werkzeug Ihre ganz persönlichen Präsentationsziele erreichen. Die KI ist dabei Ihr Assistent, nicht Ihr Ersatz. Ihre Expertise, Ihre Erfahrung und Ihre einzigartige Perspektive bleiben der Kern jeder überzeugenden Präsentation.

Sind Sie bereit, den nächsten Schritt in Ihrer Präsentationsreise zu gehen? Dann lassen Sie uns beginnen. In den folgenden Kapiteln entdecken wir gemeinsam, wie Sie mit PowerPoint und Copilot M365 in Rekordzeit Präsentationen erstellen, die wirklich beeindrucken. Präsentationen, die nicht nur informieren, sondern inspirieren. Präsentationen, die nicht nur gesehen, sondern erinnert werden. Präsentationen, die nicht nur Zeit kosten, sondern Ergebnisse bringen.

Willkommen in der neuen Ära des Präsentierens – ich freue mich darauf, Sie auf dieser spannenden Reise zu begleiten.

Schluss mit Präsentations-Frust: Ihr Weg zur Zeitersparnis

Den Zeitfresser Präsentationserstellung entlarven

Kennen Sie das Gefühl? Es ist Mittwochabend, 21 Uhr. Sie sitzen immer noch im Büro und kämpfen mit einer Präsentation, die morgen früh fertig sein muss. Die Zahlen sind längst zusammengestellt, aber irgendwie will das Gesamtbild nicht stimmig werden. Sie wechseln Farben, verschieben Elemente und formulieren Texte um. Die Zeit verrinnt, während der Fortschritt kaum spürbar ist.

In meinen Trainings höre ich immer wieder die gleiche Geschichte: Fach- und Führungskräfte verbringen Stunden, manchmal sogar ganze Tage mit der Erstellung von Präsentationen. Zeit, die an anderer Stelle fehlt. Zeit, die oft frustrierend genutzt wird. Es ist, als hätten wir uns alle damit abgefunden, dass Präsentationen nun einmal zeitintensiv sein müssen. Doch ist das wirklich so?

Meine Erfahrung zeigt: Nein, definitiv nicht. Um zu verstehen, wie wir diesen Zeitfresser bändigen können, müssen wir ihn zunächst genauer betrachten. Lassen Sie uns gemeinsam analysieren, wo genau die Zeit bei der Präsentationserstellung verschwindet.

Die größten Zeitfresser bei der Präsentationserstellung sind:

- **Das leere Blatt:** Der Anfang ist oft das Schwierigste. Wie viele Stunden haben Sie schon vor einem leeren Bildschirm verbracht und nicht gewusst, womit Sie beginnen sollen? Diese Phase des Planens und Strukturierens kostet erfahrungsgemäß 20-30% der Gesamtzeit.

- **Inhaltliche Recherche und Textformulierung:** Das Sammeln von Daten, Fakten und passenden Formulierungen nimmt etwa 25% der Zeit in Anspruch.

Besonders das Präzisieren komplexer Sachverhalte in kurze, prägnante Aussagen erfordert viel gedankliche Arbeit.

- **Design und Layout:** Die visuelle Gestaltung verschlingt oft 30-40% der Zeit. Das Experimentieren mit Farben, Schriften, Bildern und deren Anordnung wird schnell zum Zeitfresser, besonders wenn keine klaren Designrichtlinien existieren.

- **Überarbeitung und Feinschliff:** Die letzten Korrekturen, Abstimmungen mit Kollegen und finalen Anpassungen kosten nochmals 15-20% der Gesamtzeit. Kleine Änderungen ziehen oft weitreichende Formatierungsarbeiten nach sich.

Wenn ich als Trainerin mit Marketingteams, Beratern oder Führungskräften arbeite, höre ich regelmäßig einen tiefen Seufzer, wenn das Thema Präsentationserstellung zur Sprache kommt. Ein Vertriebsleiter gestand mir einmal: "Ich verbringe mehr Zeit damit, Folien zu erstellen als mit meinen Kunden zu sprechen." Eine absurde Situation, wenn man bedenkt, dass die Präsentation lediglich ein Werkzeug sein sollte, um Kundengespräche effektiver zu gestalten.

Machen wir uns nichts vor: PowerPoint ist seit Jahrzehnten ein Standardwerkzeug in Unternehmen. Und trotzdem haben viele von uns nie gelernt, wirklich effizient damit umzugehen. Wir klicken uns durch Menüs, probieren verschiedene Designs aus und verschwenden wertvolle Zeit mit Tätigkeiten, die wenig mit unserer eigentlichen Kernkompetenz zu tun haben.

Die typischen Zeitfallen bei der Präsentationserstellung:

1. **Perfektionismus:** Sie ändern immer wieder kleine Details, obwohl diese für die Wirkung kaum relevant sind.

2. **Fehlende Struktur:** Sie beginnen ohne klaren Plan und müssen später umfangreiche Umstrukturierungen vornehmen.

3. **Mangelnde Designvorlagen:** Sie starten bei jeder Präsentation praktisch bei null.

4. **Bildrecherche:** Sie verbringen Stunden auf der Suche nach dem perfekten Bild.

5. **Datenvisualisierung:** Sie kämpfen mit der Darstellung komplexer Zahlen und Daten.

Was mich in meiner täglichen Arbeit immer wieder überrascht: Die meisten Menschen sind sich dieser Zeitverschwendung bewusst, haben sich aber damit abgefunden. "Das ist halt so" höre ich oft. Doch dieses Mindset ist gefährlich. Es raubt uns nicht nur wertvolle Arbeitszeit, sondern führt auch zu unnötigem Stress und Frustration.

Lassen Sie mich Ihnen von Daniel erzählen, einem Projektmanager aus der Automobilbranche. Er kam zu meinem Workshop, weil er wöchentlich mindestens zwei Präsentationen für das Management erstellen musste. Jede davon kostete ihn etwa fünf Stunden. Nach der Umstellung seiner Arbeitsweise mit Copilot M365 benötigte er nur noch durchschnittlich 90 Minuten pro Präsentation. Das bedeutet für ihn eine Zeitersparnis von 7 Stunden pro Woche, die er nun für strategische Aufgaben nutzen kann.

Die versteckten Kosten ineffizienter Präsentationserstellung gehen weit über den reinen Zeitverlust hinaus:

- **Opportunitätskosten:** Zeit, die für mühsame Formatierungen aufgewendet wird, fehlt für wertschöpfende Tätigkeiten.

- **Qualitätsverlust:** Unter Zeitdruck entstehen oft mittelmäßige Präsentationen, die Ihre Botschaft nicht optimal transportieren.

- **Stress und Unzufriedenheit:** Späte Nächte vor wichtigen Terminen beeinträchtigen nicht nur die Work-Life-Balance, sondern auch die Präsentationsleistung selbst.

- **Teamsynchronisation:** Bei kollaborativen Präsentationen vervielfacht sich der Aufwand durch Abstimmungsschleifen.

Ein besonders heimtückischer Aspekt des Zeitfressers Präsentationserstellung: Er tritt oft in Spitzenzeiten auf, wenn ohnehin schon viel zu tun ist. Die Projektpräsentation muss genau dann erstellt werden, wenn das Projekt in die heiße Phase geht. Der Kundenvortrag fällt ausgerechnet in die Woche, in der drei weitere Deadlines anstehen.

Meine Erfahrung aus hunderten Workshops zeigt: Die meisten Menschen nutzen nur etwa 20% der Funktionen von PowerPoint, die ihnen tatsächlich Zeit sparen könnten. Stattdessen kämpfen sie mit umständlichen Workarounds oder manuellen Prozessen, während leistungsfähige Funktionen ungenutzt bleiben.

In einer digital transformierten Arbeitswelt, in der wir ständig von Effizienzsteigerung und Produktivität sprechen, ist es erstaunlich, wie wenig Aufmerksamkeit diesem täglichen Zeitfresser geschenkt wird. Dabei bietet gerade die Präsentationserstellung enormes Potential für Zeitersparnis durch den Einsatz moderner Technologien.

Die gute Nachricht: Mit der Integration von Copilot M365 in PowerPoint erleben wir gerade einen Paradigmenwechsel. Was früher stundenlange manuelle Arbeit erforderte, kann nun in Minuten erledigt werden. Nicht durch Kompromisse bei der Qualität, sondern durch intelligente Unterstützung bei repetitiven und kreativen Aufgaben gleichermaßen.

Stellen Sie sich vor, Sie könnten den Zeitaufwand für Ihre Präsentationen halbieren oder sogar auf ein Drittel reduzieren, ohne Abstriche bei der Qualität zu machen. Was würden Sie mit dieser gewonnenen Zeit anfangen? Mehr Kundengespräche führen? Strategische Projekte vorantreiben? Oder vielleicht einfach pünktlich Feierabend machen?

In den folgenden Kapiteln zeige ich Ihnen konkret, wie Sie mit der Kombination aus PowerPoint und Copilot M365 genau das erreichen können. Wir werden jeden einzelnen Zeitfresser systematisch angehen und durch effiziente Prozesse ersetzen. Dabei geht es nicht darum, die KI einfach machen zu lassen. Vielmehr geht es um die intelligente Zusammenarbeit zwischen Ihrer Expertise und den Fähigkeiten von Copilot.

Bevor wir tiefer einsteigen, möchte ich Sie einladen, einen Moment innezuhalten und zu reflektieren: Wie viel Zeit verbringen Sie tatsächlich mit der Erstellung von Präsentationen? Und welchen Wert hat diese Zeit für Sie persönlich und für Ihr Unternehmen?

Der erste Schritt zur Veränderung ist das Bewusstsein für die aktuelle Situation. Nur wenn wir erkennen, wie sehr uns dieser Zeitfresser tatsächlich belastet, können wir die Motivation aufbringen, unsere Arbeitsweise grundlegend zu verändern. In Ihren Händen halten Sie den Schlüssel, um den Zeitfresser Präsentationserstellung endgültig zu bändigen und stattdessen impactstarke Präsentationen in Rekordzeit zu erstellen.

Jede Reise zur Verbesserung beginnt mit einem ehrlichen Blick in den Spiegel. Bevor wir die Lösungen erkunden, müssen wir verstehen, welche spezifischen Hürden bei der Präsentationserstellung Sie persönlich bremsen. In meinen jahrelangen Trainings habe ich festgestellt: Die Herausforderungen sind so individuell wie die Menschen selbst, doch gewisse Muster tauchen immer wieder auf.

Der erste Schritt zur Zeitersparnis ist die Erkenntnis, wo genau Ihre Zeit versickert. Nur wenn Sie Ihre persönlichen Hürden präzise identifizieren, können Sie gezielt die richtigen Werkzeuge und Strategien einsetzen. Denken Sie an einen Arzt, der erst eine gründliche Diagnose stellt, bevor er eine Behandlung empfiehlt. Genauso werden wir jetzt Ihre spezifischen "Präsentations-Schmerzen" lokalisieren.

Meine Erfahrung zeigt: Die meisten Menschen fallen in eines von fünf typischen Präsentations-Profilen, jedes mit eigenen charakteristischen Hürden. Welches beschreibt Sie am besten?

- **Der Perfektionist:** Sie verbringen Stunden mit dem Feinschliff von Animationen, der exakten Ausrichtung von Elementen und dem wiederholten Umformulieren von Texten. Nichts scheint jemals gut genug zu sein. Eine 15-minütige Präsentation benötigt bei Ihnen oft Tage der Vorbereitung.

- **Der kreative Chaot:** Ideen sprudeln aus Ihnen heraus, aber die Strukturierung bereitet Ihnen Kopfzerbrechen. Sie starten begeistert, verzetteln sich dann aber in zu vielen Konzepten und Richtungen. Das Ergebnis: Oft unzusammenhängende Folien, die in letzter Minute zusammengewürfelt werden.

- **Der Datensammler:** Sie kämpfen mit der Fülle an Informationen und haben Schwierigkeiten, das Wesentliche herauszufiltern. Ihre Folien sind vollgepackt mit Zahlen, Fakten und Texten. Die Vereinfachung komplexer Zusammenhänge fällt Ihnen schwer.

- **Der Design-Skeptiker:** Sie fühlen sich unsicher bei gestalterischen Entscheidungen und halten sich strikt an Standardvorlagen. Die visuelle Aufbereitung betrachten Sie eher als notwendiges Übel denn als Chance, Ihre Botschaft zu verstärken.

- **Der Zeitdruck-Jongleur:** Sie erstellen Präsentationen stets unter enormem Zeitdruck, oft parallel zu anderen dringenden Aufgaben. Das Ergebnis sind hastig zusammengestellte Folien, die weder inhaltlich noch optisch überzeugen.

Erkennen Sie sich in einem oder mehreren dieser Profile wieder? In meinen Workshops bitte ich die Teilnehmer oft, eine persönliche Präsentations-Diagnose durchzuführen. Lassen Sie uns das gemeinsam tun! Reflektieren Sie Ihre letzten drei Präsentationen und notieren Sie:

1. Wo haben Sie prozentual die meiste Zeit verbracht?

2. Welche Aspekte haben Sie am meisten frustriert?

3. Mit welchem Ergebnis waren Sie am wenigsten zufrieden?

Eine Marketing-Leiterin in meinem letzten Workshop hatte eine Erleuchtung: "Ich verbringe 70% meiner Zeit mit dem Design und der Formatierung, obwohl das gar nicht meine Stärke ist!" Diese

Erkenntnis war der Schlüssel zu ihrer neuen Herangehensweise mit Copilot.

Die typischen Herausforderungen lassen sich in fünf Kategorien einteilen, die ich in meiner Arbeit immer wieder beobachte:

- **Konzeptionelle Hürden:** Die größte ist der berüchtigte "leere Bildschirm", der viele in Schockstarre versetzt. Ohne klare Strategie oder Struktur fällt es schwer, den ersten Schritt zu machen. Hinzu kommen Unsicherheiten bei der Zielgruppenansprache und der Auswahl relevanter Inhalte.

- **Textuelle Hürden:** Das Ringen um prägnante Formulierungen, die Schwierigkeit, komplexe Sachverhalte einfach darzustellen, und das zeitaufwändige Feilen an Überschriften und Kernbotschaften rauben wertvolle Zeit.

- **Visuelle Hürden:** Die Auswahl passender Designelemente, die Suche nach ausdrucksstarken Bildern und die konsistente Gestaltung über alle Folien hinweg stellen für viele eine kreative Herausforderung dar.

- **Technische Hürden:** Unzureichende Kenntnis der PowerPoint-Funktionen, umständliche Workarounds und Formatierungsprobleme führen zu ineffizienten Arbeitsabläufen.

- **Prozessuale Hürden:** Fehlende Vorlagen, mangelnde Kollaborationsmöglichkeiten und das Fehlen eines strukturierten Workflows erschweren die effiziente Erstellung.

In einer kleinen Übung möchte ich Sie einladen, Ihre persönliche "Hürden-Hitliste" zu erstellen. Nehmen Sie ein Blatt Papier und teilen Sie es in zwei Spalten. Links notieren Sie die fünf größten

Zeitfresser bei Ihrer Präsentationserstellung. Rechts bewerten Sie jede Hürde auf einer Skala von 1-10 hinsichtlich ihrer Auswirkung auf Ihre Gesamtzeit.

Ein Projektleiter aus der Automobilindustrie teilte mir seine Liste mit:

1. Suche nach passenden Bildern (8/10)

2. Konsistente Formatierung (9/10)

3. Prägnante Texte formulieren (7/10)

4. Diagramme erstellen (10/10)

5. Struktur entwickeln (6/10)

Seine größten Schmerzpunkte waren eindeutig die Diagrammerstellung und Formatierung. Mit diesem Wissen konnten wir gezielt an Lösungen arbeiten.

Die gute Nachricht: Mit Copilot M365 haben wir nun ein leistungsstarkes Werkzeug, das bei allen genannten Hürden unterstützen kann. Doch um es effektiv einzusetzen, müssen wir zunächst verstehen, wo genau Ihre persönlichen Schmerzpunkte liegen.

Ein psychologischer Aspekt, den ich in meinen Trainings oft beobachte: Viele Menschen empfinden unbewusst eine Art "PowerPoint-Angst". Diese manifestiert sich als innerer Widerstand gegen die Präsentationserstellung, oft getarnt als Prokrastination oder Perfektionismus. Kennen Sie das Gefühl, wenn Sie eine Präsentation erstellen müssen und plötzlich wird das Aufräumen Ihres E-Mail-Postfachs zur dringendsten Aufgabe der Welt?

Diese emotionale Komponente sollten wir nicht unterschätzen. Sie ist oft das Ergebnis früherer frustrierender Erfahrungen mit PowerPoint oder negativem Feedback zu Präsentationen. Die psychologische Barriere kann genauso zeitraubend sein wie technische Schwierigkeiten.

Meine Erfahrung aus hunderten Workshops zeigt: Die Überwindung dieser emotionalen Hürde ist der erste große Schritt zur Effizienzsteigerung. Eine Teilnehmerin beschrieb es treffend: "Sobald ich meine Angst vor dem leeren Bildschirm verlor, reduzierte sich meine Präsentationszeit um die Hälfte."

Die zentralen Faktoren, die Ihre Präsentations-Effizienz beeinflussen, sind:

1. **Ihre Ausgangssituation:** Beginnen Sie bei null oder haben Sie Vorlagen und frühere Präsentationen als Grundlage?

2. **Ihre PowerPoint-Kenntnisse:** Beherrschen Sie die wichtigsten Funktionen oder kämpfen Sie mit den Grundlagen?

3. **Ihre gestalterischen Fähigkeiten:** Haben Sie ein gutes Auge für Design oder tun Sie sich schwer mit visuellen Entscheidungen?

4. **Ihr inhaltliches Knowhow:** Müssen Sie Inhalte recherchieren oder sind Sie bereits Experte für das Thema?

5. **Ihre Präsentationsroutine:** Erstellen Sie regelmäßig Präsentationen oder nur gelegentlich?

Eine Bestandsaufnahme dieser Faktoren hilft, realistische Ziele für Ihre persönliche Effizienzsteigerung zu setzen. Manche meiner Klienten konnten ihre Präsentationszeit um 70% reduzieren, während für andere 30% bereits ein großer Erfolg waren.

Die identifizierten Hürden bieten auch wertvolle Hinweise darauf, wie Sie Copilot M365 am effektivsten nutzen können. Ein "kreativer Chaot" profitiert besonders von Copilots Strukturierungshilfen, während ein "Design-Skeptiker" die Designvorschläge als Befreiung erlebt.

Ein Teilnehmer meines letzten Workshops, Finanzanalyst in einem großen Unternehmen, hatte eine interessante Erkenntnis: "Ich dachte immer, mein Problem sei die Textformulierung. Aber nach unserer Analyse wurde klar, dass ich eigentlich mit der Datenvisualisierung kämpfe. Die Zahlen habe ich, aber sie ansprechend darzustellen kostet mich unglaublich viel Zeit." Mit Copilot konnte er genau diesen Schmerzpunkt gezielt angehen.

Die Identifikation Ihrer Präsentations-Hürden ist nicht nur ein diagnostisches Werkzeug, sondern auch ein erster Schritt zur Befreiung. Das Bewusstsein für Ihre spezifischen Herausforderungen nimmt ihnen bereits einen Teil ihrer Macht.

Ich ermutige Sie, Ihre Ergebnisse schriftlich festzuhalten. Diese persönliche "Präsentations-Diagnose" wird Ihnen als Kompass dienen, während wir die verschiedenen Möglichkeiten von Copilot M365 erkunden. So können Sie gezielt die Funktionen nutzen, die Ihnen persönlich den größten Mehrwert bieten.

Vergessen Sie nicht: Jede identifizierte Hürde ist gleichzeitig eine Gelegenheit zur Verbesserung. Wenn Sie verstehen, wo Ihre Zeit versickert, können Sie sie gezielt zurückgewinnen. Das ist der erste Schritt auf Ihrem Weg zu impactstarken Präsentationen in Rekordzeit.

Nun, da wir Ihre persönlichen Präsentations-Hürden identifiziert haben, sind wir bereit, in die Welt von Copilot M365 einzutauchen und zu entdecken, wie dieses revolutionäre Werkzeug Ihre spezifischen Herausforderungen adressieren kann.

Die KI-Revolution für PowerPoint: Copilot M365 verstehen

Was Copilot M365 wirklich für Sie tun kann

Erinnern Sie sich an die Zeit, als jede Präsentation bei null begann? Als Sie Stunden damit verbrachten, Folien zu gestalten, Texte zu formulieren und nach dem perfekten Bild zu suchen? Mit Copilot M365 gehören diese Zeiten der Vergangenheit an. Die Integration dieser KI-Technologie in PowerPoint revolutioniert die Art und Weise, wie wir Präsentationen erstellen, und eröffnet völlig neue Möglichkeiten, Zeit zu sparen und gleichzeitig die Qualität zu steigern.

Copilot M365 ist keine gewöhnliche Assistenzsoftware oder einfach nur ein Feature-Update. Es handelt sich um einen KI-gestützten Arbeitspartner, der Ihr Präsentationsspiel auf ein völlig neues Level hebt. In meinen Trainings sehe ich immer wieder die Überraschung in den Augen der Teilnehmer, wenn sie zum ersten Mal erleben, wozu Copilot in der Lage ist. "Das ist ja wie ein persönlicher Assistent, der genau weiß, was ich brauche", kommentierte eine Marketingleiterin kürzlich.

Die Kernfunktionen von Copilot M365 für PowerPoint lassen sich in fünf zentrale Bereiche gliedern:

- **Inhaltsgenerierung**: Copilot kann vollständige Präsentationsstrukturen, Gliederungen und sogar komplette Folieninhalte erstellen, basierend auf minimalen Eingaben Ihrerseits. Geben Sie ein Thema vor, und die KI liefert Ihnen eine durchdachte Struktur mit relevanten Inhalten.

- **Textoptimierung**: Die KI formuliert prägnante, wirkungsvolle Texte und kann bestehende Inhalte umschreiben, kürzen oder erweitern. Sie können Fachbegriffe erklären lassen oder komplexe Sachverhalte in einfachere Sprache übersetzen.

- **Designunterstützung**: Copilot schlägt passende Layouts, Farbschemata und visuelle Elemente vor, die Ihre Inhalte optimal zur Geltung bringen. Die Vorschläge orientieren sich an modernen Designprinzipien und können an Ihre Corporate Identity angepasst werden.

- **Bildrecherche und -integration**: Die Suche nach dem perfekten Bild wird durch Copilot erheblich vereinfacht. Beschreiben Sie, was Sie suchen, und die KI findet passende Visualisierungen für Ihre Folien.

- **Datenvisualisierung**: Komplexe Zahlen und Statistiken verwandelt Copilot in ansprechende, leicht verständliche Diagramme und Grafiken, die Ihre Botschaft unterstützen.

Eine Abteilungsleiterin aus dem Finanzsektor teilte mir nach einem Workshop mit: "Ich hatte immer Schwierigkeiten, meine Quartalsberichte visuell ansprechend zu gestalten. Mit Copilot erstelle ich nun in wenigen Minuten Diagramme, die früher Stunden in Anspruch genommen hätten." Solche Erfahrungen sind keine Ausnahme, sondern werden zur neuen Norm für alle, die Copilot M365 in ihren Arbeitsalltag integrieren.

Der wahre Wert von Copilot liegt nicht nur in den einzelnen Funktionen, sondern in der nahtlosen Integration und dem intuitiven Dialog zwischen Mensch und Maschine. Sie kommunizieren mit Copilot in natürlicher Sprache, fast wie mit einem menschlichen Assistenten. "Erstelle eine Präsentation über Nachhaltigkeit für unser Führungsteam" oder "Füge ein Diagramm ein, das den Umsatzanstieg der letzten drei Quartale zeigt" sind

Beispiele für Anweisungen, die Copilot mühelos versteht und umsetzt.

Praktische Einsatzszenarien von Copilot in PowerPoint:

1. **Schnelle Erstellung von Standardpräsentationen:** Statusberichte, Projektaktualisierungen oder Teamupdates lassen sich in Minuten statt Stunden erstellen.

2. **Kreative Unterstützung bei Konzeptpräsentationen:** Sie geben die Kernideen vor, Copilot entwickelt daraus überzeugende Narrativen und visuelle Konzepte.

3. **Transformation bestehender Präsentationen:** Alte Folien können mit wenigen Anweisungen modernisiert, umstrukturiert oder inhaltlich aktualisiert werden.

4. **Mehrsprachige Präsentationen:** Inhalte können problemlos in verschiedene Sprachen übersetzt werden, wobei kulturelle Nuancen berücksichtigt werden.

5. **Personalisierte Kundenpräsentationen:** Standardvorlagen lassen sich schnell an spezifische Kundenbedürfnisse anpassen.

Besonders beeindruckend ist Copilots Fähigkeit, sich an Ihren Stil und Ihre Präferenzen anzupassen. Die KI lernt kontinuierlich aus Ihren Interaktionen und liefert mit der Zeit immer präzisere und passgenauere Vorschläge. Ein Vertriebsleiter aus meinem letzten Workshop beschrieb es treffend: "Es ist, als hätte ich einen Assistenten, der mich immer besser versteht und genau weiß, wie ich meine Botschaften vermitteln möchte."

Die Zusammenarbeit mit Copilot verändert grundlegend, wie Sie Ihre Zeit bei der Präsentationserstellung investieren. Statt sich in Details zu verlieren, konzentrieren Sie sich auf strategische

Entscheidungen und die Verfeinerung der Kernbotschaften. Die typische Zeitersparnis, die meine Klienten berichten, liegt zwischen 40% und 70% gegenüber konventionellen Methoden.

Konkrete Vorteile, die Sie durch Copilot M365 in PowerPoint erzielen:

- **Drastische Zeitersparnis**: Was früher Stunden dauerte, erledigen Sie nun in Minuten.

- **Konsistente Qualität**: Keine uneinheitlichen Foliendesigns oder widersprüchlichen Formatierungen mehr.

- **Kreative Impulse**: Copilot liefert frische Ideen und Perspektiven, die Ihre Präsentationen bereichern.

- **Fokus auf Inhalt statt Technik**: Sie können sich auf Ihre Kernbotschaft konzentrieren, während Copilot die technischen Aspekte übernimmt.

- **Professionelles Erscheinungsbild**: Auch ohne Designkenntnisse erstellen Sie optisch ansprechende Präsentationen.

Ein wichtiger Punkt, den ich in meinen Trainings immer betone: Copilot ersetzt nicht Ihre Expertise und Kreativität, sondern verstärkt sie. Die KI ist ein Werkzeug, kein Ersatz für menschliches Denken. Sie bleiben der Dirigent, der die Richtung vorgibt und die endgültigen Entscheidungen trifft.

Die Lernkurve bei der Nutzung von Copilot ist überraschend flach. Die meisten meiner Workshopteilnehmer berichten, dass sie bereits nach einer Stunde produktiv mit dem Tool arbeiten können. Der Schlüssel liegt darin, die richtigen Anweisungen zu geben, die sogenannten "Prompts". Je präziser Ihre Anweisungen, desto besser die Ergebnisse. Wir werden dieses Thema in späteren Kapiteln noch ausführlich behandeln.

"Ich war anfangs skeptisch, ob die KI wirklich verstehen würde, was ich will", gestand mir eine Projektmanagerin. "Aber schon nach wenigen Versuchen war ich begeistert, wie gut Copilot meine Intentionen erfasst und umsetzt. Es fühlt sich an, als hätte ich endlich eine kompetente Assistenz für PowerPoint bekommen."

Der Einsatz von Copilot M365 in PowerPoint bedeutet nicht, dass alle Präsentationen plötzlich gleich aussehen werden. Im Gegenteil: Die KI bietet eine Vielzahl von Stilen und Ansätzen und kann sich an Ihre individuellen Vorgaben anpassen. Sie können zwischen verschiedenen Designs wählen, eigene Vorgaben machen und jeden Vorschlag nach Belieben anpassen. Die Kreativität und persönliche Note bleiben gewahrt.

Die Integration in das Microsoft 365-Ökosystem ist ein weiterer Pluspunkt. Copilot kann nahtlos auf Ihre OneDrive-Dokumente, SharePoint-Inhalte oder Teams-Chats zugreifen, um relevante Informationen für Ihre Präsentationen zu extrahieren. Stellen Sie sich vor, Sie müssen eine Präsentation über ein laufendes Projekt erstellen. Copilot kann automatisch relevante Daten aus Projektdokumenten, E-Mail-Korrespondenzen und Meeting-Notizen sammeln und in Ihre Folien integrieren.

Für mich als Trainerin ist es faszinierend zu beobachten, wie Copilot unterschiedlichen Nutzertypen hilft. Kreative Köpfe profitieren von der schnellen Umsetzung ihrer Ideen, während strukturierte Denker die klare Organisation und logische Gliederung schätzen. Technikaffine Nutzer begeistern sich für die innovativen Funktionen, während Technikskeptiker die intuitive Bedienung über natürliche Sprache lieben.

Ein häufiges Missverständnis möchte ich gleich ausräumen: Copilot ist kein "Autopilot". Es handelt sich nicht um ein vollautomatisches System, das Ihnen jegliche Arbeit abnimmt. Vielmehr ist es ein kollaboratives Tool, das Ihre Fähigkeiten erweitert und verstärkt. Die besten Ergebnisse erzielen Sie, wenn Sie die KI als Partner betrachten und in einen Dialog treten.

Die Möglichkeiten von Copilot gehen weit über die reine Erstellung von Folien hinaus. Mit den richtigen Anweisungen kann die KI auch bei der Vorbereitung des Vortrags selbst unterstützen, indem sie Sprechnotizen generiert, mögliche Fragen des Publikums antizipiert oder Hintergrundinformationen zu komplexen Themen liefert.

Das Potenzial von Copilot M365 in PowerPoint entfaltet sich besonders in Situationen, die unter Zeitdruck stehen. Eine Führungskraft erzählte mir von einer kurzfristig angesetzten Präsentation, für die sie normalerweise einen ganzen Tag Vorbereitung einplanen würde. Mit Copilot hatte sie innerhalb einer Stunde eine überzeugende Präsentation erstellt, die beim Management hervorragend ankam.

In den folgenden Kapiteln werden wir gemeinsam erkunden, wie Sie dieses Potenzial voll ausschöpfen können. Wir beginnen mit der optimalen Einrichtung und den grundlegenden Funktionen, bevor wir uns den fortgeschrittenen Techniken widmen. Mein Ziel ist es, Ihnen nicht nur zu zeigen, was Copilot kann, sondern wie Sie es effektiv in Ihren persönlichen Workflow integrieren können.

DIE TRANSFORMATION ZU MÜHELOSER PRÄSENTATION

VISUALISIEREN

Stellen Sie sich vor, wie sich Ihr Arbeitstag verändert, wenn Präsentationen plötzlich von einer zeitraubenden Last zu einem kreativen Vergnügen werden. Diese Transformation ist keine Utopie, sondern dank Copilot M365 bereits Realität für viele meiner Workshopteilnehmer. Die Reise von frustrierender

Präsentationserstellung zu mühelosem Kreieren ist greifbar nah, und ich möchte Ihnen helfen, sie zu visualisieren.

Der Paradigmenwechsel beginnt mit einem grundlegend anderen Ausgangspunkt. Bisher starteten wir typischerweise mit einer leeren Folie, einem blinkenden Cursor und dem berüchtigten weißen Bildschirm, der uns einschüchtert. Mit Copilot beginnen wir stattdessen mit einer Konversation. "Erstelle eine Präsentation über unser neues Produkt für Einzelhandelskunden" ist alles, was Sie eingeben müssen, um den Prozess in Gang zu setzen.

Eine Projektleiterin aus dem Gesundheitswesen beschrieb mir ihre Erfahrung so: "Es fühlte sich an, als hätte ich plötzlich eine Design-Abteilung, ein Forschungsteam und einen Texter an meiner Seite, die alle perfekt koordiniert arbeiten." Diese Beschreibung trifft den Kern der Transformation. Sie sind nicht mehr eine Einzelperson, die gegen die Uhr kämpft, sondern dirigieren ein virtuelles Team von Spezialisten.

Die visuelle Vorstellung dieser Transformation lässt sich am besten anhand des typischen Präsentationsprozesses veranschaulichen, den wir alle kennen. Lassen Sie uns jeden Schritt vergleichen, um die Transformation greifbar zu machen:

- **Konzeption und Struktur**: Ohne Copilot verbringen Sie Stunden mit dem Brainstorming von Ideen, dem Skizzieren einer Struktur und dem Erstellen einer Gliederung. Mit Copilot beschreiben Sie Ihr Thema und Ihre Zielgruppe, und binnen Sekunden erhalten Sie mehrere Strukturvorschläge, aus denen Sie wählen können.

- **Inhaltserstellung**: Traditionell müssen Sie für jede Folie Inhalte recherchieren, formulieren und anordnen. Mit Copilot generieren Sie Inhalte für die gesamte Präsentation oder einzelne Abschnitte mit einer einzigen Anweisung und verfeinern diese nach Bedarf.

- **Design und Layout**: Früher experimentierten Sie mit verschiedenen Designs, Farbschemata und Layouts, oft mit mittelmäßigen Ergebnissen. Jetzt beschreiben Sie einfach den gewünschten Stil, und Copilot präsentiert Ihnen professionelle Design-Optionen.

- **Bildersuche**: Die zeitraubende Suche nach dem perfekten Bild gehört der Vergangenheit an. Statt in Stockfoto-Datenbanken zu stöbern, bitten Sie Copilot um passende Visualisierungen zu Ihren Inhalten.

- **Datenvisualisierung**: Anstatt mühsam Diagramme zu erstellen und zu formatieren, beschreiben Sie einfach, welche Daten Sie visualisieren möchten, und Copilot schlägt geeignete Diagrammtypen vor und setzt sie um.

Ein Abteilungsleiter aus dem Finanzbereich erzählte mir begeistert: "Ich habe unsere Quartalszahlen nie so klar und ansprechend präsentieren können. Was früher ein ganzes Wochenende gekostet hätte, schaffe ich jetzt in einer Mittagspause."

Die qualitative Transformation ist ebenso beeindruckend wie die Zeitersparnis. Die typischen Schmerzpunkte der Präsentationserstellung verschwinden oder werden erheblich gemildert:

1. **Überwindung von Kreativblockaden**: Das gefürchtete leere Blatt existiert nicht mehr, da Copilot immer einen Ausgangspunkt liefert, den Sie verfeinern können.

2. **Konsistenz ohne Mühe**: Einheitliche Designs, Formatierungen und Übergänge werden automatisch auf die gesamte Präsentation angewendet.

3. **Zeitliche Flexibilität**: Auch kurzfristige Anfragen sind kein Stress mehr, da Copilot in Minuten liefert, wofür Sie früher Stunden brauchten.

4. **Fokus auf Strategie statt Technik**: Ihre Energie fließt in die strategische Ausrichtung und Kernbotschaften, nicht in technische Details.

5. **Kontinuierliche Verbesserung**: Jede Anweisung an Copilot und jedes Feedback verfeinert die Ergebnisse weiter.

Die visuellen Unterschiede zwischen traditionellen und Copilot-gestützten Präsentationen sind oft sofort erkennbar. Eine Marketingexpertin aus meinem letzten Workshop staunte: "Meine Präsentationen sehen jetzt aus, als hätte ein professionelles Designteam daran gearbeitet. Der Unterschied ist wie Tag und Nacht."

Besonders faszinierend finde ich die emotionale Transformation, die meine Klienten durchlaufen. Der Stress und die Frustration weichen einem Gefühl der Ermächtigung und kreativen Kontrolle. Ein Teilnehmer beschrieb es so: "Ich freue mich jetzt auf Präsentationsanfragen, weil ich weiß, dass ich beeindruckende Ergebnisse liefern kann, ohne mich aufzureiben."

Die Zukunft der Präsentationserstellung mit Copilot lässt sich am besten durch drei zentrale Paradigmenwechsel visualisieren:

- **Von Produktion zu Kuration**: Statt jedes Element mühsam selbst zu erstellen, wählen Sie aus Vorschlägen aus und verfeinern diese. Sie werden vom Handwerker zum Kurator.

- **Von linearem zu iterativem Arbeiten**: Anstatt sequentiell von Folie zu Folie zu arbeiten, können Sie schnell verschiedene Versionen und Ansätze ausprobieren und die besten Elemente kombinieren.

- **Von technischer zu konzeptioneller Arbeit**: Ihre Zeit fließt nicht mehr in das "Wie" (technische Umsetzung), sondern in das "Was" und "Warum" (strategische Entscheidungen).

Die greifbarste Visualisierung dieser Transformation ist vielleicht die Reaktion Ihres Publikums. Ein Consultant, der regelmäßig Kundenpräsentationen hält, teilte mir mit: "Die Kunden fragen jetzt, welche Agentur meine Folien gestaltet hat. Sie sind überrascht, wenn ich ihnen sage, dass ich es selbst gemacht habe, mit Unterstützung von Copilot."

Wie wirkt sich diese Transformation auf Ihren gesamten Arbeitsablauf aus? Stellen Sie sich vor:

- Montag, 9 Uhr: Sie erhalten die Aufgabe, für Freitag eine Präsentation über die neue Marketingstrategie vorzubereiten.

- Früher: Panik, Terminverschiebungen, lange Nächte.

- Jetzt: Sie reservieren zwei Stunden am Dienstag für die Erstellung und eine Stunde am Donnerstag für die Finalisierung, und können sich den Rest der Woche auf andere Aufgaben konzentrieren.

Die freigesetzte Zeit und kreative Energie hat Auswirkungen weit über die einzelne Präsentation hinaus. Eine Führungskraft berichtete: "Ich kann mich jetzt auf die wirklich wichtigen Aspekte meiner Arbeit konzentrieren, weil die Präsentationserstellung nicht mehr so viel Kapazität bindet."

Ein weiterer faszinierender Aspekt ist die persönliche Weiterentwicklung. Durch die Zusammenarbeit mit Copilot lernen Sie neue Ansätze, Designs und Formulierungen kennen, die Ihre eigenen Fähigkeiten erweitern. Es ist, als hätten Sie einen persönlichen Coach, der Ihnen kontinuierlich neue Inspirationen liefert.

Die digitale Transformation von PowerPoint durch Copilot M365 markiert einen historischen Wendepunkt in der Geschäftskommunikation. Wer diese Transformation frühzeitig annimmt und meistert, verschafft sich einen bedeutenden Wettbewerbsvorteil in einer Welt, in der überzeugende Kommunikation und Zeiteffizienz entscheidend sind.

Ich erlebe in meinen Workshops immer wieder, wie sich die Gesichter der Teilnehmer erhellen, wenn sie zum ersten Mal erleben, wie Copilot innerhalb von Sekunden eine ansprechende Folie oder sogar eine komplette Präsentationsstruktur erstellt. Dieses "Aha-Erlebnis" markiert den Beginn ihrer persönlichen Transformation.

Diese Revolution in der Präsentationserstellung verändert nicht nur, wie wir arbeiten, sondern auch, wie wir uns selbst in unserem beruflichen Kontext wahrnehmen. Von überarbeiteten Präsentationserstellern werden wir zu strategischen Kommunikatoren, die ihre Botschaften präzise und wirkungsvoll vermitteln können.

In den folgenden Kapiteln werde ich Ihnen Schritt für Schritt zeigen, wie Sie diese Transformation für sich selbst realisieren können. Wir beginnen mit den Grundlagen, der optimalen Einrichtung und Konfiguration von Copilot M365, und arbeiten uns vor bis zu fortgeschrittenen Techniken für impactstarke Präsentationen, die wirklich beeindrucken. Machen Sie sich bereit für eine Reise, die Ihre Arbeit mit PowerPoint grundlegend und nachhaltig verändern wird.

1. COPILOT STARTKLAR: IHR FUNDAMENT FÜR KI-GESTÜTZTE PRÄSENTATIONEN

Die Reise zu impactstarken Präsentationen beginnt mit einer soliden Grundlage. Wie ein Pilot vor dem Start die Systeme prüft, müssen auch Sie Ihren Copilot M365 optimal einrichten und verstehen, bevor Sie durchstarten können. In diesem Kapitel lege ich das Fundament für Ihre erfolgreiche Arbeit mit diesem revolutionären KI-Werkzeug in PowerPoint.

Stellen Sie sich den Moment vor: Sie öffnen PowerPoint, aktivieren Copilot und werden von einem leistungsstarken virtuellen Assistenten begrüßt, der bereit ist, Ihre Präsentationsarbeit zu transformieren. Um diesen Moment Realität werden zu lassen, brauchen Sie mehr als nur Zugang zur Software. Sie benötigen ein tiefes Verständnis dafür, wie Sie das Potenzial von Copilot voll ausschöpfen können.

Meine Teilnehmer berichten immer wieder von einem entscheidenden Unterschied zwischen jenen, die Copilot nur oberflächlich nutzen, und denjenigen, die seine Funktionsweise wirklich verstanden haben. Ein Marketingleiter drückte es so aus: "Nachdem ich die Grundlagen beherrschte, veränderte sich meine Arbeitsweise komplett. Was vorher nach Trial-and-Error aussah, wurde zu einem präzisen, zielgerichteten Prozess."

In diesem Kapitel erarbeiten wir gemeinsam dieses Fundament und beantworten zentrale Fragen:

- Wie richten Sie Ihren Copilot M365 optimal ein, um maximale Ergebnisse zu erzielen?

- Wie navigieren Sie souverän durch die Copilot-Schnittstelle in PowerPoint?

- Wie formulieren Sie effektive Anweisungen, die genau die Ergebnisse liefern, die Sie sich wünschen?

- Welche spezifischen Prompt-Techniken eignen sich für verschiedene Präsentationsaufgaben?

Dieses Wissen bildet die Basis für alles, was in den folgenden Kapiteln folgt. Ein solides Verständnis der Grundlagen ermöglicht es Ihnen, die fortgeschrittenen Techniken später mühelos anzuwenden.

Die Welt der KI kann für Einsteiger zunächst überwältigend wirken. Begriffe wie "Prompts", "Tokens" oder "Generative KI" gehören vermutlich nicht zu Ihrem Alltagsvokabular. Keine Sorge, ich führe Sie Schritt für Schritt durch diese neue Landschaft und erkläre alles in verständlicher Sprache. Mein Ziel ist es, dass Sie sich am Ende dieses Kapitels mit Copilot in PowerPoint genauso vertraut fühlen wie mit Ihrem Smartphone.

Der Aufbau dieses Kapitels folgt einer logischen Progression, die Ihnen hilft, Copilot von Grund auf zu verstehen und zu beherrschen:

1. **Das Copilot-Cockpit: Einrichtung und erste Schritte meistern**

- o Ihren Copilot M365 Zugang optimal konfigurieren

- o Die Copilot-Schnittstelle in PowerPoint souverän navigieren

2. **Effektive Prompts formulieren: Die Sprache der KI beherrschen**

- o Grundprinzipien erfolgreicher Copilot-Anweisungen verstehen

- o Konkrete Prompt-Beispiele für typische Präsentationsaufgaben anwenden

Die technischen Aspekte der Einrichtung mögen zunächst banal erscheinen, doch sie bilden das Fundament für Ihren Erfolg. Ein falsch konfigurierter Copilot oder eine unzureichende Vernetzung mit anderen Microsoft-Diensten kann das volle Potenzial einschränken. Ich erinnere mich an einen Teilnehmer, der monatelang frustriert war, weil sein Copilot keinen Zugriff auf seine OneDrive-Dokumente hatte, eine einfache Einstellungsänderung, die seine Erfahrung komplett transformierte.

Noch wichtiger als die technische Einrichtung ist das Verständnis dafür, wie Sie mit Copilot kommunizieren. Die Formulierung Ihrer Anweisungen, die sogenannten "Prompts", entscheidet maßgeblich über die Qualität der Ergebnisse. Es ist wie der Unterschied zwischen einem vagen "Erstelle eine Präsentation über unser Produkt" und dem präzisen "Erstelle eine 10-minütige Produktpräsentation für Finanzinvestoren, mit Fokus auf Marktpotenzial und ROI-Prognosen, im Corporate Design unseres Unternehmens".

Die Kunst der Prompt-Formulierung gehört zu den wertvollsten Fähigkeiten im Umgang mit KI-Systemen wie Copilot. In meinen Trainings beobachte ich regelmäßig den "Aha-Moment", wenn Teilnehmer verstehen, wie sie ihre Anweisungen optimieren können. Eine Projektmanagerin berichtete: "Es war, als hätte ich plötzlich einen neuen Kommunikationskanal entdeckt. Je besser meine Anweisungen wurden, desto präziser lieferte Copilot genau das, was ich brauchte."

Besonders faszinierend finde ich die individuellen Unterschiede in der Herangehensweise an Copilot. Während manche Nutzer intuitiv sofort den richtigen Ton treffen, benötigen andere mehr Struktur und konkrete Beispiele. Dieses Kapitel bietet beides: sowohl die grundlegenden Prinzipien als auch konkrete Prompt-Vorlagen, die Sie direkt in Ihre Arbeit integrieren können.

Die Grundprinzipien effektiver Kommunikation mit Copilot lassen sich in vier zentrale Bereiche gliedern:

- **Klarheit und Präzision**: Je genauer Ihre Anweisungen, desto zielgerichteter die Ergebnisse.

- **Kontextuelle Einbettung**: Informationen zu Zielgruppe, Zweck und gewünschtem Stil verbessern die Outputs erheblich.

- **Iteratives Arbeiten**: Der Dialog mit Copilot ist ein Prozess des kontinuierlichen Verfeinerns.

- **Feedbackschleifen**: Lernen Sie, konstruktives Feedback zu geben, um Ergebnisse zu optimieren.

Ein methodischer Ansatz, den ich mit großem Erfolg in meinen Workshops einsetze, ist das "PARK"-Prinzip für effektive Prompts:

- **P**urpose (Zweck): Definieren Sie klar, wofür die Präsentation oder Folie gedacht ist.

- **A**udience (Publikum): Spezifizieren Sie, wer Ihr Publikum ist und was deren Erwartungen sind.

- **R**esult (Ergebnis): Beschreiben Sie das gewünschte Endresultat so konkret wie möglich.

- **K**ey Elements (Kernelemente): Nennen Sie spezifische Inhalte, Stile oder Formate, die einbezogen werden sollen.

Die praktische Anwendung dieses Prinzips werden wir anhand konkreter Beispiele durchspielen. Sie werden sehen, wie sich ein einfacher Prompt wie "Erstelle eine Präsentation über unser neues Produkt" in einen hocheffektiven Prompt verwandelt, der genau die Präsentation liefert, die Sie sich wünschen.

Neben der Prompt-Formulierung ist die Navigation der Copilot-Schnittstelle entscheidend für Ihre Effizienz. Wir werden uns anschauen, wo und wie Sie Copilot in PowerPoint aktivieren, welche verschiedenen Dialogmodi zur Verfügung stehen und wie Sie nahtlos zwischen verschiedenen Funktionen wechseln können. Die Benutzeroberfläche mag intuitiv erscheinen, birgt aber zahlreiche Möglichkeiten, die nicht auf den ersten Blick erkennbar sind.

Besonders wertvoll finde ich die Integration von Copilot mit anderen Microsoft 365-Diensten. Die Möglichkeit, auf OneDrive-Dateien, SharePoint-Dokumente oder Teams-Konversationen zuzugreifen, erweitert das Potenzial von Copilot enorm. Ein Vertriebsleiter aus meinem letzten Workshop war begeistert, als er entdeckte, wie Copilot automatisch relevante Daten aus seinen Excel-Dateien in PowerPoint-Diagramme transformieren konnte.

Die Sicherheits- und Datenschutzaspekte bei der Nutzung von Copilot sollten ebenfalls nicht außer Acht gelassen werden. Wir werden diskutieren, wie Sie sicherstellen können, dass vertrauliche Unternehmensinformationen geschützt bleiben, und welche Einstellungen Sie vornehmen sollten, um die Compliance-Richtlinien Ihres Unternehmens einzuhalten.

Ein wesentlicher Aspekt, den viele unterschätzen, ist die kontinuierliche Lernkurve bei der Arbeit mit KI-Tools wie Copilot. Die Technologie entwickelt sich rasant weiter, und was heute State-of-the-Art ist, könnte morgen bereits überholt sein. Ich zeige Ihnen, wie Sie auf dem Laufenden bleiben und neue Funktionen schnell in Ihren Workflow integrieren können.

Die praktischen Übungen in diesem Kapitel sind so konzipiert, dass sie direkt auf Ihren Arbeitsalltag übertragbar sind. Vom ersten Login bis zum raffinierten Prompt für eine komplexe Präsentation begleite ich Sie Schritt für Schritt und stelle sicher, dass Sie das Gelernte sofort anwenden können.

Am Ende dieses Kapitels werden Sie nicht nur wissen, wie Sie Copilot technisch einrichten und bedienen, sondern auch, wie Sie mit ihm kommunizieren, um optimale Ergebnisse zu erzielen. Sie werden in der Lage sein, gezielt die richtigen Anweisungen zu geben und die Antworten von Copilot kritisch zu bewerten und zu verfeinern.

Dieses Fundament ist vergleichbar mit dem Erlernen einer neuen Sprache. Zunächst mögen die Grundlagen mühsam erscheinen, doch sobald Sie sie beherrschen, eröffnet sich eine Welt voller neuer Möglichkeiten. Copilot wird zu einem verlässlichen Partner in Ihrem Präsentationsworkflow, der Ihnen nicht nur Zeit spart, sondern auch neue kreative Horizonte eröffnet.

Lassen Sie uns nun gemeinsam in die Welt von Copilot M365 eintauchen und das Fundament für Ihre künftigen impactstarken

Präsentationen legen. Die Reise beginnt mit dem ersten Schritt: der optimalen Konfiguration Ihres Copilot-Zugangs.

1.1 Das Copilot-Cockpit: Einrichtung und erste Schritte meistern

1.1.1 Ihren Copilot M365 Zugang optimal konfigurieren

Der Zugang zu leistungsstarken KI-gestützten Präsentationen beginnt mit der richtigen Konfiguration. Wie ein Pilot vor dem Start sämtliche Systeme prüft, müssen auch Sie Ihren Copilot M365 optimal einrichten, bevor Sie in die Welt der KI-unterstützten Präsentationserstellung eintauchen können. Die richtige Konfiguration bildet das Fundament für alle nachfolgenden Schritte und entscheidet maßgeblich über Ihren Erfolg mit dem Tool.

In meinen Workshops erlebe ich immer wieder, dass selbst technisch versierte Teilnehmer an der grundlegenden Einrichtung scheitern. Ein Projektleiter aus der Automobilindustrie gestand mir: "Ich habe zwei Wochen lang versucht, mit Copilot zu arbeiten, ohne zu wissen, dass meine Berechtigungen nicht richtig konfiguriert waren." Diese vermeidbare Frustration möchte ich Ihnen ersparen.

Die Basisvoraussetzungen für die Nutzung von Copilot M365 in PowerPoint sind:

- **Microsoft 365-Abonnement mit Copilot-Lizenz**: Nicht jedes Microsoft-Abonnement enthält automatisch den Zugang zu Copilot. Sie benötigen ein spezielles Abonnement oder Zusatzlizenz.

- **Aktuelle PowerPoint-Version**: Stellen Sie sicher, dass Sie die neueste Version von PowerPoint nutzen, die mit Copilot kompatibel ist.

- **Aktivierter Microsoft-Account**: Ihr Unternehmenskonto oder persönliches Microsoft-Konto muss korrekt eingerichtet und mit den entsprechenden Diensten verbunden sein.

- **Stabile Internetverbindung**: Copilot arbeitet cloudbasiert und benötigt eine zuverlässige Online-Verbindung.

Um Ihren Copilot M365 Zugang für PowerPoint optimal zu konfigurieren, folgen Sie diesen Schritten:

1. **Lizenzprüfung durchführen**

   o Öffnen Sie das Microsoft 365 Admin Center oder kontaktieren Sie Ihren IT-Administrator

   o Überprüfen Sie, ob Ihrem Konto eine Copilot-Lizenz zugewiesen wurde

   o Falls nicht, erwerben Sie die entsprechende Lizenz oder bitten Sie Ihren Administrator um Zuweisung

2. **PowerPoint aktualisieren**

   o Öffnen Sie PowerPoint und klicken Sie auf "Datei" > "Konto"

   o Unter "Produktinformationen" wählen Sie "Nach Updates suchen"

   o Installieren Sie alle verfügbaren Updates

3. **Microsoft-Konto konfigurieren**

- Stellen Sie sicher, dass Sie mit dem richtigen Konto angemeldet sind

- Überprüfen Sie die Synchronisation mit OneDrive und SharePoint

- Aktivieren Sie den Cloud-Speicher für nahtlose Integration

4. **Copilot-Funktion aktivieren**

- Öffnen Sie PowerPoint und suchen Sie nach dem Copilot-Symbol in der Menüleiste

- Klicken Sie darauf und folgen Sie den Anweisungen zur Aktivierung

- Falls das Symbol nicht erscheint, überprüfen Sie erneut Ihre Lizenz und Updates

Eine Marketingmanagerin berichtete mir von ihrer Erfahrung: "Nachdem ich alle Dienste richtig verknüpft hatte, konnte Copilot plötzlich auf meine OneDrive-Dokumente zugreifen und Inhalte daraus in meine Präsentationen integrieren. Das hat meine Effizienz verdoppelt."

Die optimale Integration von Copilot M365 mit anderen Microsoft-Diensten ist entscheidend für die Leistungsfähigkeit. Achten Sie auf diese wichtigen Verknüpfungen:

- **OneDrive-Integration**: Ermöglicht Copilot den Zugriff auf Ihre gespeicherten Dokumente und Bilder

- **SharePoint-Anbindung**: Gewährt Zugang zu Unternehmensdokumenten und gemeinsam genutzten

Ressourcen

- **Teams-Verbindung:** Lässt Copilot auf Besprechungsnotizen und Teamkommunikation zugreifen

- **Outlook-Synchronisation:** Ermöglicht die Einbindung von E-Mail-Inhalten und Kalenderdaten

Um diese Integrationen zu aktivieren, navigieren Sie zu den Microsoft 365-Einstellungen und stellen Sie sicher, dass die entsprechenden Berechtigungen erteilt sind. In den Datenschutzeinstellungen können Sie festlegen, auf welche Daten Copilot zugreifen darf.

Die Sicherheits- und Compliance-Aspekte sollten nicht vernachlässigt werden, besonders in Unternehmensumgebungen. Sprechen Sie mit Ihrer IT-Abteilung über spezifische Richtlinien. In vielen Unternehmen bestehen Einschränkungen bezüglich der Daten, die mit KI-Diensten geteilt werden dürfen.

Ein häufiges Problem, das ich bei Workshopteilnehmern beobachte, ist die fehlende Berechtigung für bestimmte Inhaltstypen. Ein Finanzanalyst war frustriert, weil Copilot nicht auf seine Excel-Tabellen zugreifen konnte, obwohl er die Lizenz hatte. Das Problem lag in den Berechtigungseinstellungen seines Unternehmens, die den Zugriff auf Finanzdaten für KI-Tools blockierten.

Für eine optimale Leistung empfehle ich folgende Konfigurationsschritte:

1. **Berechtigungen präzisieren**

   o Definieren Sie genau, auf welche Daten und Dokumente Copilot zugreifen darf o Aktivieren Sie den Zugriff auf relevante Bibliotheken und Ordner

o Setzen Sie klare Grenzen für sensible Informationen

2. **Spracheinstellungen anpassen**

o Stellen Sie Ihre bevorzugte Arbeitssprache ein

o Konfigurieren Sie sekundäre Sprachen, falls Sie mehrsprachig arbeiten

o Passen Sie regionale Einstellungen an Ihren Standort an

3. **Persönliche Vorlagen integrieren**

o Laden Sie Unternehmensvorlagen in Ihre OneDrive-Bibliothek

o Stellen Sie sicher, dass Copilot Zugriff auf diese Vorlagen hat

o Kategorisieren Sie Vorlagen für einfacheren Zugriff

4. **Datenquellen anbinden**

o Verbinden Sie relevante Excel-Dateien und Datenbanken

o Konfigurieren Sie Zugriffsrechte für diese Datenquellen

o Testen Sie die Datenintegration vor der ersten Nutzung

Die richtige Konfiguration von Copilot ist kein einmaliger Vorgang, sondern ein kontinuierlicher Prozess. Technologien und Funktionen entwickeln sich ständig weiter. Ich empfehle meinen Klienten, monatlich zu prüfen, ob Updates oder neue Einstellungsmöglichkeiten verfügbar sind.

"Nach jedem größeren Update von Microsoft 365 überprüfe ich meine Copilot-Einstellungen", erzählte mir ein Unternehmensberater. "So stelle ich sicher, dass ich immer von den neuesten Funktionen profitiere und keine Kompatibilitätsprobleme auftreten."

Die häufigsten Fehler bei der Konfiguration von Copilot M365, die ich in meinen Trainings beobachte:

- **Unvollständige Lizenzierung**: Das richtige Abonnement wurde erworben, aber die Lizenzen wurden nicht korrekt zugewiesen.

- **Veraltete Anwendungen**: Die PowerPoint-Version ist nicht aktuell und unterstützt die neuesten Copilot-Funktionen nicht.

- **Isolierte Dienste**: OneDrive, SharePoint und andere Microsoft-Dienste sind nicht richtig integriert.

- **Restriktive Einstellungen**: Zu strenge Sicherheitseinstellungen blockieren wichtige Funktionen.

- **Fehlende Berechtigungen**: Der Zugriff auf notwendige Ressourcen wurde nicht erteilt.

Meine Teilnehmer fragen oft nach der idealen Hardware für die Arbeit mit Copilot. Während die Mindestanforderungen nicht besonders hoch sind, empfehle ich für ein reibungsloses Erlebnis:

- Einen modernen Computer mit aktuellem Betriebssystem (Windows 10/11 oder macOS)

- Mindestens 8 GB RAM, idealerweise 16 GB für flüssiges Multitasking

- Eine stabile, schnelle Internetverbindung (mindestens 10 Mbit/s)

- Ausreichend freien Speicherplatz für Dokumente und Ressourcen

Die Cloud-basierte Natur von Copilot bedeutet, dass die meiste Rechenleistung auf Microsofts Servern stattfindet, was die Anforderungen an Ihre lokale Hardware reduziert.

Ein wichtiger Aspekt, den viele übersehen, ist die Konfiguration der Benutzerberechtigungen in Unternehmensumgebungen. Als IT-Verantwortlicher sollten Sie klare Richtlinien für die Nutzung von Copilot erstellen. Als Endnutzer sollten Sie sich dieser Richtlinien bewusst sein und bei Bedarf zusätzliche Berechtigungen beantragen.

Die organisatorische Ebene der Copilot-Implementierung kann komplex sein. In größeren Unternehmen empfehle ich einen strukturierten Ansatz:

1. **Pilotphase mit ausgewählten Nutzern**

    o Beginnen Sie mit einer kleinen Gruppe von Anwendern

    o Sammeln Sie Feedback und identifizieren Sie Herausforderungen

- Passen Sie Konfigurationen basierend auf den Erkenntnissen an

2. **Schulungskonzept entwickeln**

- Erstellen Sie interne Dokumentationen und Leitfäden

- Bieten Sie Einführungsworkshops für verschiedene Abteilungen an

- Benennen Sie Experten, die als Ansprechpartner dienen

3. **Breitere Ausrollung planen**

- Implementieren Sie Copilot schrittweise in weiteren Abteilungen

- Stellen Sie Support-Ressourcen bereit

- Etablieren Sie einen Feedback-Mechanismus

4. **Kontinuierliche Optimierung**

- Überwachen Sie die Nutzung und Effektivität

- Identifizieren Sie Verbesserungspotenziale

- Passen Sie Konfigurationen und Schulungen entsprechend an

Für die persönliche Nutzung reicht meist ein vereinfachter Ansatz. Stellen Sie sicher, dass Ihre Lizenz aktiviert ist, Ihre Software aktuell ist und die grundlegenden Integrationen funktionieren.

Die Mühe einer sorgfältigen Konfiguration zahlt sich aus. Ein Projektmanager berichtete: "Nach der optimalen Einrichtung von Copilot spare ich wöchentlich etwa fünf Stunden bei der Erstellung von Statusberichten und Präsentationen. Diese Zeit kann ich nun für strategische Aufgaben nutzen."

Mit der richtigen Konfiguration Ihres Copilot M365 Zugangs haben Sie das Fundament für effizientes Arbeiten gelegt. Nun sind Sie bereit, die verschiedenen Funktionen und Möglichkeiten von Copilot in PowerPoint zu erkunden und zu nutzen. Im nächsten Abschnitt zeige ich Ihnen, wie Sie die Copilot-Schnittstelle in PowerPoint souverän navigieren und die verschiedenen Funktionen effektiv einsetzen können.

1.1.2 DIE COPILOT-SCHNITTSTELLE IN POWERPOINT
SOUVERÄN NAVIGIEREN

Nach der erfolgreichen Konfiguration Ihres Copilot-Zugangs ist es Zeit, die Benutzeroberfläche zu erkunden. Wie ein Pilot, der sich mit dem Cockpit seines Flugzeugs vertraut macht, müssen auch Sie die verschiedenen Steuerelemente und Anzeigebereiche von Copilot in PowerPoint kennenlernen, um das volle Potenzial auszuschöpfen. Die Schnittstelle mag auf den ersten Blick einfach erscheinen, doch sie birgt zahlreiche Möglichkeiten, die erst bei genauerer Betrachtung sichtbar werden.

Das Copilot-Symbol in der PowerPoint-Oberfläche ist Ihre Eintrittskarte in die Welt der KI-unterstützten Präsentationserstellung. Es befindet sich in der oberen Menüleiste und ist leicht zu erkennen – ein kreisförmiges Icon, das den Copilot-Assistenten symbolisiert. Mit einem Klick darauf öffnet sich der Copilot-Bereich, Ihr neues Kommandozentrum für KI-gestützte Kreativität.

Die Oberfläche von Copilot in PowerPoint gliedert sich in mehrere Schlüsselbereiche, die Sie kennen sollten:

- **Eingabefeld**: Das Herzstück der Interaktion mit Copilot. Hier geben Sie Ihre Anweisungen, Fragen oder Wünsche in natürlicher Sprache ein.

- **Ausgabebereich**: Der Bereich, in dem Copilot seine Antworten, Vorschläge und Erklärungen anzeigt.

- **Interaktionselemente**: Schaltflächen und Optionen, mit denen Sie Vorschläge akzeptieren, ablehnen oder modifizieren können.

- **Hilfe- und Einstellungsbereich**: Zugang zu Hilfestellungen und Konfigurationsoptionen für Copilot.

Ein Marketing-Manager aus meinem letzten Workshop beschrieb seinen ersten Eindruck so: "Die Oberfläche wirkt zunächst unscheinbar, doch hinter diesem einfachen Chat-Fenster verbirgt sich eine unglaubliche Leistungsfähigkeit. Es ist, als hätte ich plötzlich ein ganzes Design-Team zur Verfügung."

Um mit Copilot in PowerPoint zu interagieren, haben Sie mehrere Möglichkeiten, die je nach Arbeitskontext sinnvoll sein können:

1. **Direkte Anweisungen geben**

    o Formulieren Sie klare Bitten oder Anweisungen wie "Erstelle eine Präsentation über Nachhaltigkeit" oder "Füge ein Diagramm zur Umsatzentwicklung ein"

    o Stellen Sie präzise Fragen zu Inhalten oder Design, z.B. "Welches Farbschema passt zu einer

Finanzpräsentation?"

- o Geben Sie spezifische Änderungswünsche an, etwa "Mache die Überschriften größer und verwende ein dunkleres Blau"

2. **Kontextuelle Interaktion nutzen**

- o Markieren Sie Elemente in Ihrer Präsentation und fragen Sie Copilot nach Verbesserungsvorschlägen

- o Wählen Sie eine Folie aus und bitten Sie um alternative Layouts oder Designs

- o Heben Sie einen Text hervor und lassen Sie ihn umformulieren oder verbessern

3. **Mit Ergebnissen arbeiten**

- o Bewerten Sie Vorschläge und geben Sie Feedback für Verfeinerungen

- o Wählen Sie zwischen verschiedenen generierten Optionen

- o Kombinieren Sie Elemente aus unterschiedlichen Vorschlägen

Die Navigation innerhalb der Copilot-Oberfläche folgt einem intuitiven Dialog-Prinzip. Sie geben eine Anweisung, Copilot antwortet, und Sie können darauf basierend weiteres Feedback geben oder neue Anweisungen erteilen. Diese Konversationsstruktur macht die Interaktion mit der KI natürlich und flüssig.

Besonders wertvoll ist die Fähigkeit von Copilot, kontextbezogen zu arbeiten. Wenn Sie beispielsweise eine bestimmte Folie ausgewählt haben und dann Copilot aktivieren, wird die KI automatisch verstehen, dass sich Ihre Anweisungen auf diese spezifische Folie beziehen. Eine Teilnehmerin meines Workshops war begeistert: "Ich musste nicht einmal erwähnen, welche Folie ich meinte. Copilot hat sofort verstanden, dass ich die aktuell ausgewählte Folie umgestalten wollte."

Die typischen Einstiegspunkte für die Arbeit mit Copilot in PowerPoint sind:

- **Neue Präsentation erstellen**: Beginnen Sie mit einer leeren Präsentation und lassen Sie Copilot basierend auf Ihren Vorgaben eine komplette Struktur entwickeln.

- **Bestehende Präsentation verbessern**: Öffnen Sie eine vorhandene Präsentation und nutzen Sie Copilot, um Design, Inhalt oder Struktur zu optimieren.

- **Einzelne Folien gestalten**: Konzentrieren Sie sich auf spezifische Folien und lassen Sie Copilot bei der Optimierung helfen.

- **Elemente hinzufügen**: Fügen Sie gezielt neue Elemente wie Bilder, Diagramme oder Texte mit Copilot-Unterstützung ein.

Um die Copilot-Schnittstelle effektiv zu nutzen, sollten Sie einige Tastenkombinationen und Navigationstricks kennen:

- **Schnellzugriff auf Copilot**: Drücken Sie Alt+C (Windows) oder Option+C (Mac), um Copilot direkt zu aktivieren.

- **Zwischen Vorschlägen wechseln**: Nutzen Sie die Pfeiltasten, um zwischen verschiedenen Optionen zu navigieren.

- **Vorschlag akzeptieren**: Drücken Sie Enter, um einen ausgewählten Vorschlag zu übernehmen.

- **Kontext wechseln**: Klicken Sie auf verschiedene Elemente Ihrer Präsentation, um den Kontext für Copilot zu ändern.

Die Copilot-Schnittstelle passt sich intelligent an Ihren Arbeitsfluss an. Wenn Sie beispielsweise an einer Folie mit Diagrammen arbeiten, wird Copilot automatisch relevante Vorschläge zur Datenvisualisierung anbieten. Bei einer Titelfolie hingegen konzentriert sich die KI auf prägnante Formulierungen und aufmerksamkeitsstarke Designs.

Ein Projektmanager berichtete mir von seiner Erfahrung: "Die kontextuelle Intelligenz von Copilot hat mich wirklich beeindruckt. Als ich an meiner Agenda-Folie arbeitete, schlug mir die KI sofort verschiedene Timeline-Visualisierungen vor, ohne dass ich das explizit anfragen musste."

Die verschiedenen Modi der Copilot-Nutzung in PowerPoint bieten Flexibilität für unterschiedliche Arbeitsweisen:

- **Vollständige Automatisierung**: Sie geben ein Thema vor, und Copilot erstellt eine komplette Präsentation.

- **Geführte Erstellung**: Sie arbeiten Schritt für Schritt mit Copilot zusammen und treffen bei jedem Schritt Entscheidungen.

- **Selektive Assistenz**: Sie nutzen Copilot gezielt für einzelne Aufgaben, während Sie andere manuell erledigen.

- **Feedback und Verbesserung**: Sie erstellen selbst Inhalte und lassen diese von Copilot bewerten und optimieren.

Die Flexibilität, zwischen diesen Modi zu wechseln, macht Copilot zu einem vielseitigen Werkzeug, das sich an Ihre persönlichen Vorlieben und den jeweiligen Kontext anpassen lässt.

Ein häufig übersehenes Element der Copilot-Schnittstelle ist der "Verlauf" Ihrer Interaktionen. Copilot merkt sich Ihre früheren Anweisungen und Entscheidungen innerhalb einer Sitzung, was eine konsistente Weiterentwicklung Ihrer Präsentation ermöglicht. Sie können jederzeit auf frühere Anweisungen zurückgreifen oder den Kontext ändern.

"Als ich zum dritten Mal nach einer Variation des gleichen Designs fragte, bemerkte ich, dass Copilot meine Präferenzen bereits gelernt hatte", erzählte mir eine Teilnehmerin. "Die Vorschläge wurden immer passgenauer, ohne dass ich meine Vorlieben wiederholen musste."

Die visuelle Rückmeldung in der Copilot-Schnittstelle verdient besondere Aufmerksamkeit. Während Copilot an Ihrer Anfrage arbeitet, zeigt ein animierter Indikator den Fortschritt an. Dies mag trivial erscheinen, gibt Ihnen aber wichtiges Feedback darüber, dass Ihr Anliegen bearbeitet wird, besonders bei komplexen Aufgaben, die einige Sekunden Verarbeitungszeit benötigen.

Für PowerPoint-Nutzer, die an eine bestimmte Arbeitsweise gewöhnt sind, kann die Integration von Copilot zunächst eine Umstellung bedeuten. Ich empfehle meinen Workshopteilnehmern, mit kleinen, klar definierten Aufgaben zu beginnen, um ein Gefühl für die Interaktion zu entwickeln. Eine Finanzanalystin teilte ihre Erfahrung: "Anfangs versuchte ich, alles mit Copilot zu machen. Dann lernte ich, gezielt nur für bestimmte Aufgaben darauf zurückzugreifen, wo es wirklich Mehrwert bietet."

Die Schnittstelle zwischen Copilot und den klassischen PowerPoint-Funktionen ist nahtlos gestaltet. Sie können jederzeit zwischen KI-unterstützter und manueller Arbeit wechseln. Die von Copilot generierten Elemente lassen sich mit den Standard-PowerPoint-Werkzeugen bearbeiten, was maximale Flexibilität gewährleistet.

Die Kommunikation mit Copilot erfolgt in natürlicher Sprache, was den Einstieg erleichtert. Sie müssen keine spezielle Syntax oder Kommandosprache lernen. Dennoch gibt es einige Kommunikationsstrategien, die bessere Ergebnisse liefern:

- **Spezifisch sein**: "Erstelle eine Folie mit drei Punkten zum Thema Kundenakquise" ist besser als "Mach etwas zum Thema Kunden".

- **Kontext liefern**: "Diese Präsentation ist für ein Executive Board Meeting" gibt Copilot wichtige Hinweise zum gewünschten Stil und Detailgrad.

- **Präferenzen angeben**: "Verwende ein minimalistisches Design mit viel Weißraum" hilft Copilot, Ihre ästhetischen Vorlieben zu verstehen.

Die Reaktionszeit von Copilot kann je nach Komplexität Ihrer Anfrage und Internetverbindung variieren. Bei einfachen Textänderungen oder Formatierungen erhalten Sie fast sofortige Ergebnisse, während die Erstellung kompletter Präsentationsstrukturen oder komplexer Visualisierungen einige Sekunden in Anspruch nehmen kann.

Mit zunehmender Erfahrung werden Sie feststellen, dass Sie immer gezielter und effektiver mit der Copilot-Schnittstelle interagieren. Was anfangs vielleicht nach Versuch und Irrtum aussah, wird zu einem präzisen Dialog, in dem Sie genau wissen, wie Sie Ihre

Anweisungen formulieren müssen, um die gewünschten Ergebnisse zu erzielen.

Die souveräne Navigation der Copilot-Schnittstelle ist kein Ziel, sondern ein Prozess des kontinuierlichen Lernens. Mit jeder Interaktion erweitern Sie Ihr Verständnis und Ihre Fähigkeiten. Im nächsten Kapitel werden wir darauf aufbauen und uns den Grundprinzipien effektiver Prompt-Formulierung widmen, um die Kommunikation mit Copilot auf ein neues Level zu heben.

1.2 Effektive Prompts formulieren: Die Sprache der KI beherrschen

1.2.1 Grundprinzipien erfolgreicher Copilot-Anweisungen verstehen

Die Kommunikation mit Copilot M365 ähnelt einem Tanz, bei dem Sie als führender Partner die Richtung vorgeben. Wie bei jedem Tanz gibt es grundlegende Schritte und Prinzipien, die den Unterschied zwischen einem holprigen Stolpern und einer eleganten Choreografie ausmachen. In meinen Workshops beobachte ich immer wieder den gleichen Moment der Erleuchtung: Wenn Teilnehmer verstehen, dass die Qualität ihrer Ergebnisse direkt mit der Qualität ihrer Anweisungen zusammenhängt.

Ein Finanzcontroller brachte es auf den Punkt: "Ich dachte anfangs, Copilot würde einfach machen, was ich will. Jetzt verstehe ich, dass es vielmehr darauf ankommt, was und wie ich es sage." Diese Erkenntnis markiert den Wendepunkt in der Nutzung von Copilot M365. Die Formulierung effektiver Prompts ist keine Geheimwissenschaft, sondern basiert auf nachvollziehbaren Grundprinzipien, die Sie leicht erlernen können.

Die fundamentalen Prinzipien erfolgreicher Copilot-Anweisungen lassen sich in fünf Kernbereiche gliedern:

- **Präzision und Klarheit**: Spezifische Anweisungen erzeugen spezifische Ergebnisse. Vage Anfragen führen zu vagen Antworten.

- **Kontextuelle Einbettung**: Je mehr relevante Informationen Sie bereitstellen, desto besser kann Copilot Ihre Intention verstehen.

- **Strukturierte Anfragen**: Gut organisierte Prompts mit logischem Aufbau führen zu kohärenteren Ergebnissen.

- **Iteratives Verfeinern**: Der Dialog mit Copilot ist ein schrittweiser Prozess des Verbesserns und Anpassens.

- **Kreative Anleitung**: Die Balance zwischen Vorgaben und kreativen Freiheiten bestimmt die Originalität der Ergebnisse.

Lassen Sie uns diese Prinzipien im Detail betrachten und verstehen, wie sie in der Praxis funktionieren.

Präzision bildet das Fundament jeder erfolgreichen Copilot-Anweisung. Vergleichen Sie diese beiden Prompts:

Vager Prompt: "Erstelle eine Präsentation über Nachhaltigkeit."

Präziser Prompt: "Erstelle eine 10-minütige Präsentation mit 8 Folien zum Thema Nachhaltigkeitsinitiativen unseres Unternehmens im Bereich Verpackungsreduktion, gerichtet an unser Führungsteam."

Der Unterschied ist offensichtlich. Der zweite Prompt liefert Copilot wesentliche Informationen: Umfang (10 Minuten, 8 Folien), spezifisches Thema (Verpackungsreduktion), Zielgruppe (Führungsteam). Mit diesen Details kann die KI eine maßgeschneiderte Präsentation erstellen, die genau Ihren Anforderungen entspricht.

Eine Marketingleiterin aus einem meiner Workshops berichtete: "Nachdem ich gelernt hatte, präzisere Anweisungen zu geben, reduzierte sich die Zahl der Überarbeitungsschleifen um mehr als die Hälfte. Ich erhielt schneller genau das, was ich brauchte."

Die kontextuelle Einbettung vertieft das Verständnis von Copilot für Ihre Anforderungen. Relevante Hintergrundinformationen zu liefern, ist wie das Einschalten zusätzlicher Lampen in einem dunklen Raum – plötzlich wird alles klarer erkennbar. Effektive Kontextinformationen umfassen:

- **Ziel und Zweck**: Wofür wird die Präsentation verwendet? Informieren, überzeugen, verkaufen?

- **Zielgruppe**: Wer wird die Präsentation sehen? Vorwissen, Erwartungen, Interessen?

- **Zeitrahmen**: Wie lang soll die Präsentation sein? Zeitdruck oder ausführliche Darstellung?

- **Vorhandene Materialien**: Gibt es bereits Inhalte, auf die Bezug genommen werden kann?

- **Unternehmensspezifika**: Branche, Produkte, Dienstleistungen, Wettbewerbsumfeld?

Ein Projektmanager teilte mir seine Erfahrung mit: "Seit ich Copilot erkläre, dass meine Präsentationen für technisch versierte Ingenieure sind, die Details schätzen, erhalte ich genau den richtigen Detailgrad ohne weitere Anpassungen."

Die Struktur Ihrer Anfragen spielt eine entscheidende Rolle für die Qualität der Ergebnisse. Ein chaotischer Prompt erzeugt chaotische Antworten, während ein gut strukturierter Prompt zu kohärenten, logisch aufgebauten Ergebnissen führt. Ich empfehle das PARK-Prinzip als bewährte Struktur für effektive Prompts:

1. **P**urpose (Zweck): Definieren Sie klar das Ziel der Präsentation

2. **A**udience (Publikum): Beschreiben Sie Ihre Zielgruppe detailliert

3. **R**esult (Ergebnis): Spezifizieren Sie das gewünschte Endresultat

4. **K**ey Elements (Kernelemente): Listen Sie die wichtigsten Inhalte auf

Ein Beispiel für einen nach dem PARK-Prinzip strukturierten Prompt:

"Erstelle eine überzeugende Produktpräsentation (P) für potenzielle Investoren mit Finanzexpertise (A). Die Präsentation sollte 12 Folien umfassen und in einem professionellen, faktenbasierten Design gestaltet sein (R). Bitte integriere folgende Kernelemente: Marktpotenzial, USP unserer Technologie, Wettbewerbsanalyse, 5-Jahres-Finanzprognose und klaren Call-to-Action für Investitionsentscheidungen (K)."

Die strukturierte Form macht es Copilot leicht, Ihre Intention zu verstehen und gezielt darauf einzugehen.

Das iterative Verfeinern ist ein zentrales Konzept in der Arbeit mit KI-Systemen wie Copilot. Selten ist der erste Vorschlag perfekt, und das ist völlig normal. Die Interaktion mit Copilot sollte als Dialog verstanden werden, bei dem Sie durch Feedback und Anpassungen schrittweise zum gewünschten Ergebnis gelangen.

Dieser iterative Prozess folgt typischerweise diesem Muster:

1. **Initialer Prompt**: Formulieren Sie Ihre erste Anfrage basierend auf den bisher genannten Prinzipien

2. **Bewertung des Ergebnisses**: Analysieren Sie kritisch, was gut funktioniert und was verbessert werden muss

3. **Spezifisches Feedback**: Geben Sie konkrete Hinweise zur gewünschten Anpassung

4. **Verfeinerte Anfrage**: Formulieren Sie eine präzisere Folgenanfrage

5. **Wiederholung nach Bedarf**: Setzen Sie diesen Prozess fort, bis das Ergebnis Ihren Vorstellungen entspricht

Eine Teilnehmerin beschrieb ihre Erfahrung so: "Am Anfang war ich frustriert, wenn Copilot nicht sofort perfekte Ergebnisse lieferte. Dann begriff ich, dass der Schlüssel im Dialog liegt. Jetzt sehe ich die ersten Ergebnisse als Ausgangspunkt für einen gemeinsamen Entwicklungsprozess."

Die kreative Anleitung bestimmt den Innovationsgrad Ihrer Ergebnisse. Copilot kann sowohl sehr konventionelle als auch überraschend originelle Inhalte erzeugen, abhängig von Ihren Vorgaben. Die Kunst besteht darin, eine Balance zu finden zwischen klaren Anweisungen und kreativen Freiräumen.

Möchten Sie eher standardisierte, sichere Ergebnisse, geben Sie sehr konkrete Vorgaben. Wünschen Sie kreativere Ansätze, formulieren Sie offenere Prompts mit Aufforderungen zu innovativem Denken. Beispiele:

Für konventionelle Ergebnisse: "Erstelle eine klassische 3-Punkt-Präsentation im bewährten Problem-Lösung-Ergebnis-Format."

Für kreative Ergebnisse: "Entwickle eine unkonventionelle Präsentationsstruktur, die unser Produkt aus überraschenden

Perspektiven beleuchtet und von typischen Branchenvorträgen abweicht."

Die Art, wie Sie Ihre Anweisungen formulieren, beeinflusst auch den Tonfall und Stil der erzeugten Inhalte. Nutzen Sie beschreibende Adjektive und stilistische Hinweise, um den gewünschten Charakter zu vermitteln:

- "Erstelle eine energiegeladene, motivierende Präsentation mit kraftvollen Aussagen."

- "Entwickle eine sachliche, datengestützte Analyse mit nüchternem, wissenschaftlichem Ton."

- "Gestalte eine emotionale Story mit persönlichen Elementen und inspirierenden Zitaten."

Ein Vertriebsleiter aus meinem Workshop berichtete: "Ich bitte Copilot jetzt explizit um 'überzeugende Verkaufsargumente mit emotionalem Appell' statt einfach nur 'Verkaufsargumente' – der Unterschied in der Wirkung ist enorm."

Häufige Fehler bei der Formulierung von Prompts, die Sie vermeiden sollten:

- **Zu vage Anweisungen**: "Mach eine gute Präsentation" statt spezifischer Anforderungen

- **Widersprüchliche Vorgaben**: Gleichzeitig "detailliert" und "auf einen Blick erfassbar" zu verlangen

- **Überkomplexe Anfragen**: Zu viele verschiedene Anforderungen in einem einzelnen Prompt

- **Fehlender Kontext**: Wichtige Hintergrundinformationen weglassen

- **Mangelnde Priorisierung**: Nicht klarmachen, welche Aspekte besonders wichtig sind

Die Beherrschung dieser Grundprinzipien erfordert Übung und Erfahrung. Mit jedem Prompt lernen Sie, Ihre Kommunikation mit Copilot zu verfeinern. Ich empfehle meinen Workshopteilnehmern, ein "Prompt-Tagebuch" zu führen, in dem sie erfolgreiche Formulierungen und deren Ergebnisse dokumentieren. Diese Sammlung wird zu einer wertvollen Ressource für zukünftige Projekte.

Die Anwendung dieser Prinzipien auf PowerPoint-spezifische Aufgaben erfordert ein Verständnis der typischen Herausforderungen bei der Präsentationserstellung. Denken Sie an die verschiedenen Phasen, von der Konzeption über die Strukturierung bis zur visuellen Gestaltung, und formulieren Sie Ihre Prompts entsprechend zielgerichtet.

Eine besonders effektive Technik ist das "Prompt Chaining" oder die Verkettung von Prompts. Statt zu versuchen, mit einem einzigen Prompt eine komplette Präsentation zu erstellen, teilen Sie den Prozess in logische Schritte auf:

1. Erst einen Prompt für die grundlegende Struktur und Gliederung

2. Dann einen für die Ausarbeitung einzelner Abschnitte

3. Anschließend einen für die visuelle Gestaltung und das Design

4. Schließlich einen für Feinschliff und Optimierung

Diese schrittweise Vorgehensweise führt zu präziseren Ergebnissen und gibt Ihnen mehr Kontrolle über den Entwicklungsprozess.

Ein Berater aus der Automobilindustrie erzählte mir: "Die Aufteilung in kleinere Prompt-Schritte hat meine Arbeit mit Copilot revolutioniert. Ich erhalte nun Präsentationen, die genau meinen Vorstellungen entsprechen, weil ich an jedem Punkt des Prozesses steuernd eingreifen kann."

Das Verständnis dieser Grundprinzipien erfolgreicher Copilot-Anweisungen ist der Schlüssel, um das volle Potenzial dieses leistungsstarken KI-Assistenten für Ihre Präsentationen zu erschließen. Mit der Zeit werden Sie Ihre persönliche "Prompt-Sprache" entwickeln, die genau zu Ihrem Arbeitsstil und Ihren spezifischen Anforderungen passt.

1.2.2 KONKRETE PROMPT-BEISPIELE FÜR TYPISCHE PRÄSENTATIONSAUFGABEN ANWENDEN

Theorie in Praxis umzusetzen ist der Schlüssel zum Erfolg. Nach dem Verständnis der Grundprinzipien erfolgreicher Copilot-Anweisungen möchte ich Ihnen nun konkrete Prompt-Beispiele an die Hand geben, die Sie sofort in Ihrem Präsentationsalltag einsetzen können. Diese Sammlung bewährter Formulierungen ist aus hunderten von Trainings und Workshops entstanden und repräsentiert die effektivsten Kommunikationsmuster mit Copilot M365.

Denken Sie an diese Prompt-Beispiele wie an ein Rezeptbuch eines erfahrenen Kochs. Sie können sie direkt übernehmen oder nach Ihrem Geschmack und Bedarf anpassen. Jedes Beispiel wurde sorgfältig für einen bestimmten Anwendungsfall konzipiert und in der Praxis erprobt. Eine Vertriebsleiterin aus meinem letzten

Workshop berichtete begeistert: "Mit diesen Prompt-Vorlagen habe ich meine Produktpräsentation in weniger als einer Stunde erstellt, statt wie sonst einen halben Tag dafür zu brauchen."

Beginnen wir mit Prompts für die initiale Erstellung einer Präsentation, dem Moment, in dem Sie vor dem gefürchteten leeren Bildschirm sitzen:

- **Vollständige Präsentationserstellung**: "Erstelle eine 15-minütige Präsentation zum Thema [Ihr Thema] für [Zielgruppe]. Die Präsentation soll [Anzahl] Folien umfassen und folgende Kernaspekte beinhalten: [Punkt 1], [Punkt 2], [Punkt 3]. Der Stil soll [formell/informell/kreativ] sein und unser Corporate Design berücksichtigen."

- **Präsentationsstruktur entwickeln**: "Entwickle eine Gliederung für eine 10-minütige Präsentation zum Thema [Ihr Thema]. Die Zielgruppe sind [Beschreibung der Zielgruppe]. Der Zweck der Präsentation ist [informieren/überzeugen/verkaufen]. Berücksichtige dabei besonders [spezifische Anforderungen oder Schwerpunkte]."

- **Zielgruppenspezifische Anpassung**: "Transformiere meine bestehende Präsentation für ein neues Publikum: von [ursprüngliche Zielgruppe] zu [neue Zielgruppe]. Passe Sprache, Detailtiefe und Beispiele entsprechend an, ohne die Kernbotschaft zu verändern."

Ein Projektmanager aus der Automobilindustrie nutzte den ersten Prompt als Ausgangspunkt für seine monatlichen Status-Updates und reduzierte seine Vorbereitungszeit von drei Stunden auf knapp 45 Minuten. Das Geheimnis liegt in der Spezifität: Je genauer Ihre Anforderungen, desto zielgerichteter die Ergebnisse.

Für die Arbeit an bestehenden Präsentationsfolien sind diese Prompts besonders nützlich:

- **Folie umgestalten**: "Gestalte die aktuelle Folie neu mit Fokus auf [gewünschter Aspekt]. Verbessere das Layout für mehr Klarheit und visuellen Impact. Behalte dabei folgende Kernpunkte bei: [Punkt 1], [Punkt 2]."

- **Text optimieren**: "Kürze und präzisiere den Text auf dieser Folie, ohne wichtige Informationen zu verlieren. Ziel ist es, die Kernbotschaft auf einen Blick erfassbar zu machen. Die Hauptaussage lautet: [Kernbotschaft]."

- **Designvorschläge einholen**: "Schlage drei alternative Designs für diese Folie vor, die [gewünschte Emotion/Wirkung] vermitteln. Die Designs sollen modern, professionell und konsistent mit dem Rest der Präsentation sein."

Meine Teilnehmer berichten oft, dass besonders der zweite Prompt wahre Wunder wirkt. Eine Marketing-Managerin erzählte: "Ich neige dazu, zu viel Text auf meine Folien zu packen. Mit dieser Anweisung hilft mir Copilot, auf das Wesentliche zu fokussieren, ohne dass ich das Gefühl habe, wichtige Details zu verlieren."

Für die visuelle Gestaltung und Bildintegration empfehle ich diese erprobten Formulierungen:

- **Bildsuche**: "Finde ein passendes Bild für eine Folie zum Thema [Thema], das [gewünschte Stimmung/Botschaft] vermittelt. Das Bild sollte professionell, hochwertig und nicht klischeehaft sein."

- **Diagrammvorschläge**: "Welche Diagrammtypen eignen sich am besten, um [Art der Daten] darzustellen? Erstelle ein Beispiel mit fiktiven Daten und erkläre die Vor- und

63

Nachteile jedes Typs für meinen Anwendungsfall."

- **Corporate Design anwenden**: "Passe diese Folie an unser Corporate Design an. Unsere Hauptfarben sind [Farben], unsere Typografie ist [Schriftart] und wir verwenden bevorzugt [Art der Visualisierung] für Daten."

Die Qualität der Prompt-Formulierung zeigt sich besonders bei der Datenvisualisierung. Ein Finanzanalyst berichtete mir: "Der Unterschied zwischen 'Erstelle ein Diagramm' und einem detaillierten Prompt wie oben war enorm. Mit der präzisen Anweisung erhielt ich sofort ein Diagramm, das meine Zahlen optimal präsentierte."

Für das Storytelling und die narrative Struktur haben sich diese Prompts bewährt:

- **Storytelling-Framework anwenden**: "Strukturiere meine Präsentation nach dem [gewünschtes Framework, z.B. Hero's Journey, Problem-Lösung-Nutzen]. Die Hauptbotschaft ist [Kernaussage]. Das Publikum soll am Ende [gewünschte Handlung] durchführen."

- **Überzeugende Einleitung**: "Entwickle drei verschiedene Einstiegsmöglichkeiten für meine Präsentation zum Thema [Thema]. Eine mit einer überraschenden Statistik, eine mit einer persönlichen Geschichte und eine mit einer provokanten Frage."

- **Wirkungsvoller Abschluss**: "Erstelle einen starken Abschluss für meine Präsentation, der die Hauptpunkte zusammenfasst und einen klaren Call-to-Action enthält. Der Call-to-Action sollte [gewünschte Handlung] sein."

Ein Vertriebsleiter schwört auf den mittleren Prompt: "Die drei verschiedenen Einstiegsvarianten geben mir Flexibilität, je nach Publikumsstimmung den passenden Einstieg zu wählen. Das hat meine Präsentationen dynamischer und anpassungsfähiger gemacht."

Spezielle Situationen erfordern spezielle Prompts. Hier einige Formulierungen für besondere Anwendungsfälle:

- **Zeitliche Anpassung**: "Kürze meine 20-minütige Präsentation auf 10 Minuten, ohne die Kernbotschaften zu verlieren. Priorisiere die wichtigsten Punkte und straffe Übergänge."

- **Technische in verständliche Sprache umwandeln**: "Vereinfache die Erklärung auf dieser Folie für ein nicht-technisches Publikum. Ersetze Fachbegriffe durch allgemein verständliche Ausdrücke und füge bei Bedarf erklärende Visualisierungen hinzu."

- **Kulturelle Anpassung**: "Passe diese Präsentation für ein internationales Publikum aus [Zielregion] an. Berücksichtige kulturelle Präferenzen in Bezug auf Kommunikationsstil, Bildauswahl und Beispiele."

Produktivitätsgewinn entsteht durch die clevere Kombination mehrerer Prompts in logischer Reihenfolge. Ein Kommunikationsberater aus meinem Workshop entwickelte diesen dreistufigen Prompt-Prozess:

1. **Planungsphase**: "Erstelle eine detaillierte Gliederung für eine 15-minütige Präsentation zum Thema [Thema] mit Hauptpunkten und Unterpunkten."

2. **Inhaltserstellung**: "Entwickle für jeden Hauptpunkt aus der Gliederung eine vollständige Folie mit prägnanten

Texten und Vorschlägen für passende Visualisierungen."

3. **Design-Phase**: "Optimiere das visuelle Design aller Folien für maximale Wirkung und Konsistenz, mit besonderem Fokus auf Farbharmonie und Lesbarkeit."

Der strategische Einsatz von Folge-Prompts kann die Qualität Ihrer Ergebnisse dramatisch verbessern. Nach einer initialen Antwort von Copilot könnten Sie beispielsweise nachfassen:

- **Vertiefung anfordern**: "Entwickle den Abschnitt zu [Thema] weiter und füge konkrete Beispiele oder Fallstudien hinzu, die die Hauptaussage unterstützen."

- **Alternative Perspektiven einholen**: "Zeige mir alternative Ansätze zur Darstellung dieser Information, einmal faktenorientiert und einmal emotionaler/narrativer."

- **Kritisches Feedback erbitten**: "Analysiere kritisch die Schwachstellen dieser Folie in Bezug auf Klarheit, Überzeugungskraft und visuelle Wirkung. Schlage konkrete Verbesserungen vor."

Eine Marketingleiterin teilte ihre Erfahrung: "Der letzte Prompt hat mir die Augen geöffnet. Copilot findet tatsächlich Schwächen in meiner Präsentation, die ich übersehen hatte, und bietet gleich konstruktive Lösungen an."

Die Kunst der Prompt-Formulierung entwickelt sich durch Übung und Erfahrung weiter. Ich empfehle Ihnen, ein persönliches "Prompt-Journal" anzulegen, in dem Sie erfolgreiche Anweisungen sammeln und kontinuierlich verfeinern. Notieren Sie, welche Formulierungen besonders gute Ergebnisse liefern und welche angepasst werden müssen.

Meine persönliche Erfahrung zeigt: Die wirksamsten Prompts kombinieren Präzision mit kreativer Freiheit. Sie geben klare Leitplanken vor, ohne Copilot zu sehr einzuschränken. Diese Balance zu finden, ist der Schlüssel zu außergewöhnlichen Ergebnissen und wird mit jeder Interaktion besser.

Im nächsten Kapitel werden wir darauf aufbauen und zeigen, wie Sie mit Copilot von der leeren Folie zu einer durchdachten Präsentationsstruktur gelangen. Die konkreten Prompt-Beispiele, die Sie hier kennengelernt haben, bilden dafür die perfekte Grundlage.

2. IDEEN AUF KNOPFDRUCK:

INHALTE UND STRUKTUR

BLITZSCHNELL GENERIEREN

Die Angst vor dem leeren Bildschirm kennen wir alle. Sie öffnen PowerPoint, starren auf die weiße Fläche und fragen sich: Womit beginne ich? Wie strukturiere ich meine Gedanken? Welche Inhalte sind wirklich relevant? Diese Phase der Präsentationserstellung raubt nicht nur wertvolle Zeit, sondern kann auch frustrierend und lähmend sein. Doch stellen Sie sich vor, Sie hätten einen kreativen Partner an Ihrer Seite, der Ihnen genau in diesem Moment unter die Arme greift und Ihnen hilft, Ihre Gedanken zu ordnen, Ideen zu generieren und eine überzeugende Struktur zu entwickeln.

Genau hier setzt Copilot M365 an. In diesem Kapitel zeige ich Ihnen, wie Sie mit dieser revolutionären KI-Technologie innerhalb von Minuten von der leeren Folie zu einer durchdachten Präsentationsstruktur und überzeugenden Texten gelangen. Nachdem Sie im vorherigen Kapitel gelernt haben, Copilot optimal einzurichten und effektive Prompts zu formulieren, geht es nun darum, diese Grundlagen gezielt für die inhaltliche Gestaltung Ihrer Präsentationen einzusetzen.

Die Kombination aus menschlicher Kreativität und KI-Unterstützung eröffnet völlig neue Möglichkeiten für die Präsentationserstellung. Eine Marketingleiterin aus einem meiner Workshops beschrieb es treffend: "Mit Copilot fühlt es sich an, als hätte ich ständig einen Brainstorming-Partner zur Verfügung, der nie müde wird und immer neue Perspektiven einbringt." Diese

Synergie zwischen Mensch und Maschine steht im Zentrum dieses Kapitels.

Was Sie in diesem Kapitel konkret erwartet:

- Strategien zur Überwindung von Kreativblockaden mit gezieltem Copilot-Brainstorming

- Methoden zur schnellen Entwicklung durchdachter Präsentationsstrukturen

- Techniken zum Formulieren prägnanter Kernaussagen mit KI-Unterstützung

- Wege zur effizienten Verfeinerung von Texten für maximale Wirkung

Der kreative Prozess der Präsentationserstellung durchläuft typischerweise mehrere Phasen, vom ersten Ideensturm über die Strukturierung bis hin zur konkreten Ausformulierung. In jeder dieser Phasen kann Copilot M365 wertvolle Unterstützung leisten und Ihnen helfen, schneller zu besseren Ergebnissen zu kommen.

Kreativität ist ein faszinierendes Phänomen. Sie entsteht oft im Dialog, wenn Ideen ausgetauscht, hinterfragt und weiterentwickelt werden. Mit Copilot haben Sie einen ständigen Dialogpartner zur Verfügung, der Ihnen dabei hilft, Ihre eigenen Gedanken zu klären und neue Perspektiven zu entdecken. In meinen Trainings beobachte ich immer wieder, wie dieser Dialog zwischen Mensch und KI zu überraschenden Erkenntnissen und kreativen Durchbrüchen führt.

Ein Projektmanager aus der Baubranche teilte mir nach einem Workshop mit: "Früher habe ich Stunden damit verbracht, eine sinnvolle Struktur für meine Status-Updates zu entwickeln. Mit Copilot hatte ich innerhalb von Minuten mehrere überzeugende

Varianten zur Auswahl." Diese massive Zeitersparnis bei gleichzeitiger Qualitätssteigerung ist typisch für die Arbeit mit Copilot M365.

Die inhaltliche Gestaltung einer Präsentation umfasst verschiedene Elemente, die alle zur Gesamtwirkung beitragen:

- **Klare Struktur**: Ein logischer Aufbau, der das Publikum sicher durch Ihre Inhalte führt

- **Überzeugende Argumente**: Fakten und Begründungen, die Ihre Position untermauern

- **Prägnante Formulierungen**: Kernbotschaften, die im Gedächtnis bleiben

- **Ansprechende Beispiele**: Konkrete Illustrationen abstrakter Konzepte

- **Wirkungsvolle Übergänge**: Verbindungen zwischen verschiedenen Gedanken und Abschnitten

Für all diese Elemente bietet Copilot wertvolle Unterstützung, die wir in diesem Kapitel erkunden werden.

Die erste große Hürde bei der Präsentationserstellung ist oft die Ideenfindung. Sie wissen, worüber Sie sprechen möchten, aber nicht, wie Sie beginnen sollen. In solchen Momenten kann Copilot als Katalysator wirken, der Ihren Gedanken auf die Sprünge hilft. Mit den richtigen Prompts lassen sich in kürzester Zeit vielfältige Ideen generieren, die Sie dann auswählen, kombinieren und verfeinern können.

Eine Vertriebsleiterin aus dem Einzelhandel beschrieb ihre Erfahrung so: "Ich gebe Copilot einfach mein Produkt und die Zielgruppe vor, und schon erhalte ich eine Fülle von

Verkaufsargumenten und Perspektiven, aus denen ich die passendsten auswählen kann. Das spart nicht nur Zeit, sondern bringt mich auch auf Aspekte, die ich sonst vielleicht übersehen hätte."

Nach der Ideenfindung folgt die Strukturierung. Hier geht es darum, Ihre Gedanken in eine logische, überzeugende Reihenfolge zu bringen. Auch in dieser Phase kann Copilot wertvolle Dienste leisten, indem er verschiedene Strukturvorschläge entwickelt oder Ihnen hilft, Ihre bestehenden Ideen zu ordnen und zu gliedern.

Ein Unternehmensberater berichtete mir: "Für komplexe Kundenpräsentationen nutze ich Copilot, um verschiedene Strukturvarianten zu testen. Ich gebe die Kernpunkte vor und lasse mir unterschiedliche Gliederungen vorschlagen, von chronologisch über thematisch bis hin zu problemorientiert. So finde ich schnell die überzeugendste Struktur für mein Anliegen."

Sobald die Struktur steht, geht es an die Ausformulierung der Inhalte. Hier zeigt sich Copilot M365 als besonders vielseitiger Helfer. Ob Sie prägnante Überschriften, detaillierte Erklärungen oder überzeugende Argumentationen benötigen, die KI kann Ihnen bei allen textuellen Aspekten Ihrer Präsentation unter die Arme greifen.

Die Kunst liegt dabei in der Zusammenarbeit zwischen Mensch und Maschine. Sie geben die Richtung vor, liefern Ihr Fachwissen und Ihre persönliche Perspektive, während Copilot Ihnen bei der Formulierung und Ausarbeitung hilft. Das Ergebnis ist eine Präsentation, die Ihre Expertise und Ihren persönlichen Stil widerspiegelt, aber mit der Unterstützung von KI effizienter und präziser erstellt wurde.

Eine wichtige Erkenntnis aus meinen Workshops: Die besten Ergebnisse erzielt man nicht, indem man Copilot einfach machen lässt, sondern indem man einen aktiven Dialog führt, Vorschläge kritisch prüft und iterativ verfeinert. Die KI ist kein Ersatz für Ihr

Fachwissen und Ihre Urteilskraft, sondern ein Werkzeug, das Ihre Fähigkeiten erweitert und verstärkt.

Die Erstellung von Texten für Präsentationen folgt eigenen Regeln. Anders als bei längeren Dokumenten geht es hier um Prägnanz, Klarheit und Einprägsamkeit. Jedes Wort zählt. Mit Copilot können Sie verschiedene Formulierungen testen, komplexe Sachverhalte vereinfachen und sicherstellen, dass Ihre Kernbotschaften klar hervortreten.

Eine Produktmanagerin aus der Technologiebranche erzählte mir: "Früher hat mich die Textformulierung für Präsentationen immer viel Zeit gekostet. Mit Copilot kann ich schnell verschiedene Versionen testen und die beste auswählen. Besonders hilfreich ist die Möglichkeit, technische Erklärungen in einfache, verständliche Sprache umzuwandeln."

Die Verfeinerung und Optimierung von Texten ist ein weiterer Bereich, in dem Copilot glänzt. Haben Sie einen ersten Entwurf erstellt, können Sie die KI nutzen, um diesen zu präzisieren, zu kürzen oder stilistisch anzupassen. So erreichen Sie mit minimalem Aufwand maximale Wirkung.

Ein häufiges Missverständnis ist, dass der Einsatz von KI zu generischen, unpersönlichen Präsentationen führt. Meine Erfahrung zeigt das Gegenteil: Mit den richtigen Prompts und einer guten Zusammenarbeit entstehen Präsentationen, die höchst individuell und auf Ihre spezifischen Bedürfnisse zugeschnitten sind. Die KI verstärkt Ihre Stimme, anstatt sie zu ersetzen.

In den folgenden Abschnitten werde ich Ihnen konkrete Strategien und Techniken zeigen, mit denen Sie Copilot M365 optimal für die Ideenfindung, Strukturierung und Textgestaltung Ihrer Präsentationen einsetzen können. Sie werden lernen, wie Sie Kreativblockaden überwinden, überzeugende Strukturen entwickeln und prägnante Texte formulieren, die Ihr Publikum begeistern.

Die Zeit, in der Sie stundenlang vor dem leeren Bildschirm saßen und um jede Idee rangen, gehört der Vergangenheit an. Mit Copilot M365 haben Sie einen kreativen Partner an Ihrer Seite, der Ihnen hilft, in Rekordzeit von der leeren Folie zur durchdachten Präsentation zu gelangen. Lassen Sie uns gemeinsam entdecken, wie Sie dieses Potenzial voll ausschöpfen können.

2.1 Vom leeren Blatt zur Gliederung: Copilot als Ideen-Generator

2.1.1 Kreativblockaden überwinden mit Copilot-Brainstorming

Der gefürchtete weiße Bildschirm. Dieses leere PowerPoint-Fenster kann selbst erfahrene Präsentatoren in einen Zustand der Lähmung versetzen. Minuten verstreichen, während der Cursor blinkt und die Gedanken kreisen, ohne Form anzunehmen. Diese Kreativblockaden sind mehr als nur ein lästiges Hindernis, sie sind echte Produktivitätskiller, die wertvolle Zeit verschlingen und Stress verursachen. In meinen Jahren als Trainerin habe ich unzählige Fach- und Führungskräfte beobachtet, die mit diesem Phänomen kämpfen, das ich gerne als "PowerPoint-Paralyse" bezeichne.

Die gute Nachricht: Mit Copilot M365 gehören diese Blockaden der Vergangenheit an. Die KI fungiert als ihr persönlicher Brainstorming-Partner, der niemals unter Ideenmangel leidet und jederzeit bereit ist, kreative Impulse zu liefern. In diesem Abschnitt zeige ich Ihnen, wie Sie Copilot gezielt einsetzen, um Kreativblockaden zu überwinden und mühelos in den Fluss des Ideengenerierens zu kommen.

Kreativblockaden entstehen aus verschiedenen Gründen, die es zu verstehen gilt. Meine Workshops haben mir gezeigt, dass die häufigsten Auslöser sind:

- **Perfektionismus**: Der Druck, sofort brillante Inhalte liefern zu müssen, lähmt den kreativen Prozess.

- **Informationsüberflutung**: Zu viele unstrukturierte Gedanken und Daten erschweren den Fokus.

- **Entscheidungsmüdigkeit**: Nach einem langen Arbeitstag fällt es schwer, klare Gedanken zu fassen.

- **Zeitdruck**: Die Uhr tickt, und die Angst, nicht rechtzeitig fertig zu werden, blockiert kreatives Denken.

- **Unsicherheit**: Zweifel an der eigenen Expertise oder am Thema hemmen den Ideenfluss.

Ein Vertriebsleiter aus der Technologiebranche beschrieb mir sein Erlebnis: "Ich starrte eine Stunde lang auf die leere Folie für meine Quartals-Präsentation. Mit Copilot hatte ich nach fünf Minuten drei verschiedene Strukturvorschläge und konnte sofort loslegen." Diese Art von Transformation erlebe ich regelmäßig, wenn ich Klienten in die Arbeit mit Copilot einführe.

Der Schlüssel zur Überwindung von Kreativblockaden mit Copilot liegt in der richtigen Herangehensweise. Ich habe eine Methode entwickelt, die ich den "Kreativen Dialog" nenne. Sie umfasst fünf Schritte, die Ihnen helfen, von Null auf Hundert zu kommen:

1. **Gedanken-Download**: Geben Sie alle verfügbaren Informationen und Gedanken an Copilot weiter, ungeordnet und ungefiltert.

2. **Strukturiertes Nachfragen**: Lassen Sie Copilot gezielt Fragen stellen, um Lücken zu schließen und Ihre Gedanken zu ordnen.

3. **Perspektivenwechsel**: Bitten Sie Copilot, das Thema aus verschiedenen Blickwinkeln zu betrachten.

4. **Ideen-Expansion**: Erweitern Sie vielversprechende Konzepte durch gezielte Prompts.

5. **Fokussierte Auswahl**: Treffen Sie bewusste Entscheidungen aus den generierten Optionen.

Um diesen Prozess zu starten, brauchen Sie effektive Prompts, die Copilot optimal anleiten. Hier sind meine bewährten Einstiegs-Prompts für das Überwinden von Kreativblockaden:

- **Für thematische Exploration**: "Ich muss eine Präsentation zum Thema [Thema] erstellen. Generiere 10 verschiedene Aspekte oder Perspektiven, die ich behandeln könnte. Berücksichtige dabei sowohl offensichtliche als auch überraschende Blickwinkel."

- **Für Zielgruppen-Fokussierung**: "Meine Präsentation richtet sich an [Zielgruppe]. Welche 5 Kernfragen oder Bedürfnisse hat diese Zielgruppe bezüglich [Thema], und wie könnte ich meine Präsentation darauf ausrichten?"

- **Für Probleme mit dem Einstieg**: "Ich brauche 3 verschiedene fesselnde Einstiegsmöglichkeiten für meine Präsentation über [Thema]. Schlage jeweils einen überraschenden Fakt, eine provokante Frage und eine kurze Anekdote vor."

Eine Marketing-Managerin aus meinem Workshop berichtete: "Der Perspektivenwechsel-Prompt hat meine festgefahrene Denkweise komplett aufgebrochen. Plötzlich sah ich unser Produkt durch die Augen unterschiedlicher Kundentypen, was zu einer viel nuancierteren Präsentation führte."

Die Magie dieser Methode liegt in der Kombination aus menschlicher Expertise und KI-Unterstützung. Sie bringen Ihr Fachwissen und Ihre Erfahrung ein, während Copilot als Katalysator für neue Ideen und Verbindungen dient. Dieser kollaborative Ansatz überwindet Blockaden effektiver als jede der beiden Komponenten allein.

Die Interaktion mit Copilot sollte als dynamischer Dialog gestaltet werden, nicht als einmalige Anfrage. Ich empfehle meinen Klienten, Folgeprompte zu nutzen, die auf den ersten Antworten aufbauen:

- **Zum Vertiefen einer Idee**: "Die dritte Idee klingt vielversprechend. Wie könnte ich diese weiter ausbauen? Welche Unterpunkte oder Beispiele würden sie stärken?"

- **Zum Verbinden von Konzepten**: "Wie könnte ich die Ideen 2 und 5 miteinander verbinden? Gibt es übergreifende Themen oder Übergänge?"

- **Zur kritischen Prüfung**: "Welche Gegenargumente oder Einwände könnte mein Publikum zu diesen Ideen haben? Wie könnte ich diese proaktiv adressieren?"

Ein Projektmanager teilte mir mit: "Dieser iterative Ansatz hat meinen Arbeitsstil komplett verändert. Früher versuchte ich, alles allein zu erdenken. Jetzt führe ich einen aktiven Dialog mit Copilot, der meine Gedanken klärt und erweitert."

Besonders nützlich ist die Fähigkeit von Copilot, verschiedene kreative Techniken zu simulieren. Sie können beispielsweise folgende Methoden anwenden:

- **Mind-Mapping**: "Erstelle ein textuelles Mind-Map zum Thema [Thema], beginnend mit dem Hauptkonzept und dann mit Verzweigungen zu Unterthemen, Beispielen und Verbindungen."

- **6-3-5-Methode**: "Generiere 6 Grundideen zu [Thema]. Entwickle dann für jede Idee 3 Variationen oder

Anwendungsbeispiele."

- **Walt-Disney-Methode**: "Betrachte mein Präsentationskonzept [Konzept] aus drei Perspektiven: 1) als Träumer, der ohne Einschränkungen denkt, 2) als Realist, der die praktische Umsetzung betrachtet, und 3) als Kritiker, der potenzielle Probleme identifiziert."

Die Qualität Ihrer Prompts bestimmt maßgeblich die Qualität der Copilot-Antworten. Ich beobachte oft, dass zu vage Anfragen zu generischen Ergebnissen führen. Ein präziser Prompt dagegen, der Kontext, Zielgruppe und gewünschtes Ergebnis spezifiziert, liefert deutlich wertvollere Impulse.

Neben dem Inhalt kann Copilot auch bei der visuellen Struktur Ihrer Gedanken helfen. Ein effektiver Prompt dafür ist:

"Schlage eine visuelle Struktur für meine Präsentation zum Thema [Thema] vor. Berücksichtige dabei folgende Aspekte: [Aspekt 1], [Aspekt 2], [Aspekt 3]. Die Präsentation soll [Dauer] dauern und für [Zielgruppe] verständlich sein. Gib konkrete Vorschläge für Folientypen und deren Anordnung."

Eine Finanzanalystin aus einem meiner Workshops sagte mir: "Dieser Prompt half mir, eine komplexe Quartalspräsentation zu strukturieren. Copilot schlug eine Visualisierung vor, bei der die Zahlen als 'Reise' dargestellt wurden, mit klaren Meilensteinen und Ausblicken. Das hätte ich allein nie entwickelt."

Die Überwindung von Kreativblockaden mit Copilot bedeutet nicht, Ihre eigene Kreativität zu ersetzen, sondern sie zu verstärken. Die KI dient als Sprungbrett und Ideengeber, während Sie als menschlicher Experte die Kontrolle behalten und die entscheidenden Auswahlentscheidungen treffen.

Für Präsentationen unter extremem Zeitdruck habe ich einen Notfall-Prompt entwickelt, der schnelle Ergebnisse liefert:

"Ich muss in den nächsten 30 Minuten eine Präsentation zum Thema [Thema] erstellen. Bitte generiere eine solide Grundstruktur mit 5-7 Hauptpunkten, je einem Kerngedanken pro Folie und Vorschlägen für unterstützende Elemente. Die Zielgruppe ist [Zielgruppe], und das Ziel ist [gewünschtes Ergebnis]."

Ein Vertriebsleiter berichtete mir: "Dieser Prompt rettete mich, als ich kurzfristig für einen erkrankten Kollegen einspringen musste. In unter einer Stunde hatte ich eine vollständige, durchdachte Präsentation."

Die psychologische Komponente beim Überwinden von Kreativblockaden sollte nicht unterschätzt werden. Copilot kann helfen, die emotionale Belastung zu reduzieren, indem es den leeren Bildschirm schnell mit Inhalten füllt. Dieser erste Schritt überwindet oft die größte Hürde im kreativen Prozess.

Meine Erfahrung zeigt: Je mehr Sie mit Copilot interagieren, desto besser wird Ihr Verständnis dafür, wie Sie die KI optimal für Ihren spezifischen Denkstil nutzen können. Manche meiner Klienten profitieren von breiten, explorativen Anfragen, andere bevorzugen strukturierte, gezielte Prompts. Experimentieren Sie mit verschiedenen Ansätzen, um Ihren idealen Workflow zu finden.

Im nächsten Abschnitt werden wir darauf aufbauen und zeigen, wie Sie diese ersten Ideen in eine kohärente, überzeugende Präsentationsstruktur überführen können. Die Überwindung von Kreativblockaden ist nur der erste Schritt auf dem Weg zu einer impactstarken Präsentation, aber mit Copilot M365 als Partner ist es ein Schritt, den Sie nie wieder fürchten müssen.

2.1.2 IHRE PRÄSENTATIONSSTRUKTUR KI-GESTÜTZT ENTWICKELN

Nachdem Sie gelernt haben, Kreativblockaden mit Copilot zu überwinden, gehen wir nun einen entscheidenden Schritt weiter: die systematische Entwicklung einer überzeugenden Präsentationsstruktur. Eine brillante Idee bleibt wirkungslos ohne ein solides Gerüst, das Ihre Botschaft trägt und Ihr Publikum durch die Präsentation führt. Hier liegt die wahre Stärke von Copilot M365, der Ihnen nicht nur bei der Ideenfindung hilft, sondern auch bei der Transformation dieser Ideen in eine logische, überzeugende Struktur.

Der Unterschied zwischen einer mittelmäßigen und einer herausragenden Präsentation liegt oft nicht im Inhalt selbst, sondern in dessen Strukturierung. Ein Vertriebsleiter aus meinem Workshop beschrieb es treffend: "Früher hatten meine Präsentationen zwar alle wichtigen Informationen, aber sie wirkten wie eine Ansammlung isolierter Fakten. Mit einer klaren Struktur erzählen sie jetzt eine zusammenhängende Geschichte, die meine Kunden wirklich packt."

Die Entwicklung einer Präsentationsstruktur mit Copilot M365 folgt einem systematischen Ansatz, der Ihre fachliche Expertise mit der analytischen Kraft der KI verbindet. Meine Methode umfasst vier Kernphasen, die ich Ihnen nun Schritt für Schritt vorstellen möchte.

Phase 1: Zieldefinition und Kontextanalyse

- **Zweck klar definieren**: Formulieren Sie präzise, was Sie mit Ihrer Präsentation erreichen wollen. Geht es um Information, Überzeugung oder Motivation? Ein klarer Zweck ist der Kompass für Ihre gesamte Struktur.

- **Zielgruppenanalyse durchführen**: Wer ist Ihr Publikum? Welches Vorwissen bringen sie mit? Welche Fragen haben sie? Diese Informationen sind entscheidend für die strukturelle Ausrichtung.

- **Rahmenbedingungen festlegen**: Zeitrahmen, Format und technische Gegebenheiten beeinflussen maßgeblich, wie Ihre Struktur aussehen sollte.

Ein wirksamer Prompt für diese Phase könnte lauten: "Analysiere folgende Präsentationssituation: Ich halte einen Vortrag über [Thema] für [Zielgruppe] mit dem Ziel, [Zweck]. Die Präsentation dauert [Zeitrahmen] und findet in [Umgebung] statt. Welche strukturellen Überlegungen sollte ich berücksichtigen?"

Phase 2: Strukturelle Grundformen erkunden

- **Verschiedene Frameworks identifizieren**: Bitten Sie Copilot, Ihnen passende Strukturmodelle für Ihren spezifischen Kontext vorzuschlagen.

- **Stärken und Schwächen analysieren**: Lassen Sie sich die Vor- und Nachteile jedes Strukturmodells für Ihre spezifische Situation erläutern.

- **Best Practices einbeziehen**: Integrieren Sie bewährte Strukturansätze für Ihre Branche oder Ihren Präsentationstyp.

Eine Produktmanagerin war überrascht, als Copilot ihr zeigte, dass ihre gewohnte Problem-Lösung-Struktur für ihre spezifische Zielgruppe nicht optimal war: "Copilot schlug vor, stattdessen mit einem konkreten Anwendungsfall zu beginnen und dann erst zur technischen Lösung überzugehen. Diese Umkehrung hat meine Conversion-Rate bei Demopräsentationen deutlich verbessert."

Typische Strukturmodelle, die Copilot vorschlagen könnte:

1. **Klassische Dreiteilung**: Einleitung, Hauptteil, Schluss, mit klarer Botschaft am Anfang und Ende

2. **Problem-Lösung-Nutzen**: Identifikation eines Problems, Vorstellung Ihrer Lösung, Darstellung des konkreten Nutzens

3. **Storytelling-Ansatz**: Narrative Struktur mit Hauptfigur, Herausforderung, Überwindung und Transformation

4. **Chronologische Struktur**: Zeitliche Abfolge von Ereignissen oder Entwicklungsschritten

5. **Vergleichende Analyse**: Gegenüberstellung verschiedener Optionen mit anschließender Empfehlung

6. **Monomyth/Heldenreise**: Adaption des klassischen Erzählmusters für geschäftliche Präsentationen

Phase 3: Detaillierte Gliederung generieren

- **Hauptabschnitte definieren**: Lassen Sie Copilot basierend auf Ihrem gewählten Strukturmodell die Hauptabschnitte Ihrer Präsentation vorschlagen.

- **Unterabschnitte ausarbeiten**: Verfeinern Sie die Struktur durch logische Untergliederungen für jeden Hauptabschnitt.

- **Zeitbudget zuweisen**: Verteilen Sie Ihre verfügbare Zeit sinnvoll auf die verschiedenen Abschnitte.

Mein bevorzugter Prompt für diese Phase: "Erstelle eine detaillierte Gliederung für meine Präsentation zum Thema [Thema] basierend auf dem [gewähltes Strukturmodell]-Ansatz. Die Präsentation soll [Dauer] umfassen und für [Zielgruppe] verständlich sein. Berücksichtige folgende Schlüsselpunkte: [Punkt 1], [Punkt 2], [Punkt 3]. Teile die verfügbare Zeit sinnvoll auf die Abschnitte auf."

Ein Berater aus der Finanzbranche schilderte mir seinen Aha-Moment: "Die zeitliche Verteilung, die Copilot vorschlug, öffnete mir die Augen. Ich hatte immer zu viel Zeit für die Einleitung verwendet und zu wenig für die konkrete Handlungsempfehlung am Ende. Diese einfache Umverteilung machte meine Präsentationen sofort wirkungsvoller."

Phase 4: Kohärenz und roter Faden

- **Übergänge definieren**: Lassen Sie Copilot logische Verbindungen zwischen Ihren Abschnitten vorschlagen.

- **Kernbotschaften herausarbeiten**: Identifizieren Sie für jeden Abschnitt die zentrale Aussage, die im Gedächtnis bleiben soll.

- **Narrative Konsistenz prüfen**: Stellen Sie sicher, dass alle Teile zum Gesamtbild beitragen und eine kohärente Geschichte erzählen.

Ein effektiver Prompt hierfür: "Prüfe die folgende Präsentationsstruktur auf Kohärenz und roten Faden: [Ihre Gliederung einfügen]. Schlage Verbesserungen für die Übergänge zwischen den Abschnitten vor und identifiziere für jeden Abschnitt eine prägnante Kernbotschaft."

Die visuelle Darstellung Ihrer Struktur kann den Überblick enorm erleichtern. Bitten Sie Copilot um Vorschläge für die Visualisierung

Ihrer Gliederung: "Schlage mir verschiedene Möglichkeiten vor, wie ich meine Präsentationsstruktur visuell darstellen kann, um einen besseren Überblick zu bekommen."

Typische visuelle Strukturierungshilfen sind:

- **Mind-Maps**: Für komplexe Themen mit vielen Verzweigungen

- **Flowcharts**: Für prozessorientierte Präsentationen

- **Zeitstrahlen**: Für chronologische Darstellungen

- **Konzeptdiagramme**: Für die Visualisierung von Zusammenhängen und Beziehungen

Die Flexibilität von Copilot zeigt sich besonders bei iterativen Anpassungen Ihrer Struktur. Eine Marketingleiterin berichtete mir: "Nachdem ich die erste Strukturversion gesehen hatte, konnte ich Copilot bitten, bestimmte Abschnitte zu erweitern oder umzustellen. Diese Feinabstimmung in Echtzeit hat mir geholfen, die perfekte Struktur zu finden, ohne mich in Details zu verlieren."

Besonders wertvoll finde ich die Fähigkeit von Copilot, verschiedene strukturelle Ansätze zu vergleichen. Mit dem richtigen Prompt erhalten Sie eine fundierte Analyse: "Vergleiche folgende strukturelle Ansätze für meine Präsentation: [Ansatz 1], [Ansatz 2] und [Ansatz 3]. Welcher eignet sich am besten für mein Thema [Thema] und meine Zielgruppe [Zielgruppe], und warum?"

Die Rolle des roten Fadens kann nicht hoch genug eingeschätzt werden. Ein Teilnehmer meines Workshops, CTO eines Technologieunternehmens, war frustriert über die mangelnde Aufmerksamkeit bei seinen technischen Präsentationen. Mit Copilot entwickelte er eine Struktur, die einen starken roten Faden enthielt, eine metaphorische "Reise" durch die technische

Landschaft. "Plötzlich konnten auch die nicht-technischen Zuhörer meinen Ausführungen folgen und die Relevanz verstehen. Der rote Faden machte den Unterschied."

Für verschiedene Präsentationstypen empfehle ich spezifische Strukturansätze, die Sie mit Copilot weiterentwickeln können:

1. **Verkaufspräsentationen**: AIDA-Modell (Attention, Interest, Desire, Action)

2. **Technische Präsentationen**: Vom Problem über die technische Lösung zur praktischen Anwendung

3. **Statusberichte**: Ausgangssituation, Fortschritte, Herausforderungen, nächste Schritte

4. **Strategiepräsentationen**: Aktuelle Situation, Ziele, Optionen, Empfehlung, Umsetzungsplan

Die Zeit, die Sie in die strukturelle Entwicklung Ihrer Präsentation investieren, zahlt sich vielfach aus. Ein gut strukturierter Vortrag verankert Ihre Botschaft im Gedächtnis Ihres Publikums und erhöht die Wahrscheinlichkeit, dass Ihre Ziele erreicht werden.

Mein Tipp für alle, die regelmäßig ähnliche Präsentationstypen erstellen: Lassen Sie Copilot wiederverwendbare Strukturvorlagen entwickeln. Ein entsprechender Prompt könnte lauten: "Entwickle eine universelle Strukturvorlage für [Präsentationstyp], die ich für verschiedene Themen anpassen kann. Die Vorlage sollte flexibel sein, aber einen konsistenten roten Faden gewährleisten."

Die KI-gestützte Strukturentwicklung mit Copilot spart nicht nur wertvolle Zeit, sondern führt auch zu durchdachteren, wirkungsvolleren Präsentationen. Sie kombinieren dabei Ihr Fachwissen und Ihre Intuition mit der analytischen Kraft der künstlichen Intelligenz.

Im nächsten Abschnitt werden wir darauf aufbauen und zeigen, wie Sie mit Copilot prägnante Kernaussagen formulieren können, die Ihre nun strukturierte Präsentation mit Leben füllen. Die Struktur ist das Skelett, doch die Kernbotschaften sind das Herzstück jeder überzeugenden Präsentation.

2.2 Überzeugende Texte formulieren: Copilot als Ihr Texter-Assistent

2.2.1 Kernaussagen prägnant mit Copilot auf den Punkt bringen

Die Kunst der Prägnanz zählt zu den wertvollsten Fähigkeiten in der Präsentationsgestaltung. Wie oft haben Sie schon eine Folie gesehen, vollgepackt mit Text, bei der das Publikum mehr mit Lesen als mit Zuhören beschäftigt war? Eine meiner Kundinnen aus dem Finanzbereich gestand mir: "Meine Folien sind wie kleine Romane. Ich kann mich einfach nicht kurz fassen." Dieses Problem lösen wir jetzt ein für alle Mal mit Copilot M365 als Ihrem persönlichen Kürzungs- und Präzisionsexperten.

Prägnante Kernaussagen bilden das Herzstück jeder wirkungsvollen Präsentation. Sie sind die Sätze, die im Gedächtnis bleiben, während Details oft verschwimmen. Wie der berühmte Werbeexperte David Ogilvy einst sagte: "Je mehr Sie sagen, desto weniger werden sich die Menschen merken." Mit Copilot können Sie diese Weisheit mühelos in die Praxis umsetzen und Ihre Kernbotschaften auf das Wesentliche reduzieren, ohne an Substanz zu verlieren.

Die Herausforderung liegt oft nicht im Mangel an Inhalten, sondern in deren Überfluss. Viele meiner Workshopteilnehmer kämpfen damit, aus der Fülle ihres Fachwissens die wirklich relevanten Punkte zu destillieren. "Ich kann doch nicht einfach die Hälfte weglassen, alles ist wichtig!", höre ich oft. Doch genau hier liegt der Trugschluss: Nicht alles ist gleich wichtig, und eine überfüllte Folie verwässert Ihre Kernbotschaft, anstatt sie zu stärken.

Copilot M365 bietet Ihnen mehrere Wege, prägnante und wirkungsvolle Kernaussagen zu entwickeln. Lassen Sie mich Ihnen die effektivsten Methoden zeigen:

1. **Die Extraktionsmethode**: Haben Sie bereits einen längeren Text oder Notizen zu Ihrem Thema? Bitten Sie Copilot, die zentralen Aussagen daraus zu extrahieren.

   - Prompt-Beispiel: "Extrahiere die drei wichtigsten Kernaussagen aus folgendem Text: [Ihr Text]"

   - Alternativ: "Identifiziere die Schlüsselbotschaften in meinen Notizen und formuliere sie als prägnante Bullet Points: [Ihre Notizen]"

2. **Die Verdichtungsmethode**: Haben Sie bereits Folieninhalte, die zu ausführlich sind? Lassen Sie Copilot diese komprimieren.

   - Prompt-Beispiel: "Kürze den folgenden Folientext auf maximal drei prägnante Sätze, ohne wesentliche Informationen zu verlieren: [Ihr Text]"

   - Oder: "Verdichte diese Absätze zu knackigen Kernaussagen für eine Präsentationsfolie: [Ihre Absätze]"

3. **Die Generierungsmethode**: Haben Sie nur eine grobe Idee, was Sie sagen möchten? Lassen Sie Copilot prägnante Kernaussagen von Grund auf neu erstellen.

   - Prompt-Beispiel: "Erstelle drei prägnante Kernaussagen zum Thema [Ihr Thema] für eine Folie, die [Ihre Zielgruppe] überzeugen soll."

   - Oder: "Formuliere eine schlagkräftige Hauptbotschaft und zwei unterstützende Aussagen für meine Präsentation über [Ihr Thema]."

Ein Vertriebsleiter aus meinem Workshop berichtete begeistert: "Ich hatte einen 15-seitigen Marktbericht und musste die Erkenntnisse in einer 10-minütigen Präsentation zusammenfassen. Mit Copilot extrahierte ich innerhalb von Minuten die fünf wichtigsten Kernbotschaften, die ich dann als roten Faden für meine Präsentation nutzte."

Die sprachliche Qualität Ihrer Kernaussagen entscheidet maßgeblich über deren Wirkung. Mit Copilot können Sie verschiedene sprachliche Stile und Tonalitäten ausprobieren, um genau den richtigen Ton für Ihr Publikum zu treffen. Setzen Sie gezielt Sprachanweisungen ein:

- **Für formelle Kontexte**: "Formuliere folgende Kernaussage in einem präzisen, faktischen Stil für ein Management-Meeting: [Ihre Aussage]"

- **Für motivierende Kontexte**: "Wandle diese Botschaft in eine inspirierende, motivierende Kernaussage um: [Ihre Botschaft]"

- **Für technische Zielgruppen**: "Formuliere folgende Aussage prägnant für ein technisch versiertes Publikum: [Ihre Aussage]"

- **Für nicht-fachliche Zielgruppen**: "Vereinfache folgende komplexe Aussage für ein allgemeines Publikum ohne Fachwissen: [Ihre Aussage]"

Die Kunst prägnanter Formulierungen liegt auch in der richtigen Balance zwischen Kürze und Klarheit. Zu kurz kann kryptisch werden, zu ausführlich verliert die Aufmerksamkeit. Eine Projektmanagerin beschrieb mir ihr Erfolgserlebnis: "Ich tendiere zu verschachtelten Sätzen. Copilot hat mir geholfen, meine Botschaft in kurze, klare Sätze zu zerlegen, ohne dass sie banal klangen. Die Rückmeldungen zu meiner Präsentation waren überwältigend positiv."

Mein persönlicher Tipp für wirklich packende Kernaussagen: Nutzen Sie das KRAFT-Prinzip als Prompt-Anweisung für Copilot:

- K - Konkret statt abstrakt

- R - Relevant für die Zielgruppe

- A - Aktivierend durch Handlungsorientierung

- F - Fokussiert auf einen Gedanken pro Aussage

- T - Treffend formuliert ohne Füllwörter

Ein entsprechender Prompt könnte lauten: "Formuliere nach dem KRAFT-Prinzip (konkret, relevant, aktivierend, fokussiert, treffend) drei Kernaussagen zum Thema [Ihr Thema] für [Ihre Zielgruppe]."

Die Transformation komplexer Konzepte in einfache, verständliche Aussagen zählt zu den beeindruckendsten Fähigkeiten von Copilot. Ein CTO aus der Technologiebranche teilte mir mit: "Ich konnte bisher technische Konzepte nie so erklären, dass unser Marketingteam sie verstand. Mit Copilot übersetze ich jetzt komplexe technische Ideen in verständliche Aussagen, die sowohl technisch korrekt als auch für Laien nachvollziehbar sind."

Für diese Übersetzung komplexer Inhalte empfehle ich:

- **Die Analogie-Methode**: "Erkläre [komplexes Konzept] durch eine alltagsnahe Analogie und formuliere eine prägnante Kernaussage daraus."

- **Die Stufenmethode**: "Vereinfache folgende technische Erklärung in drei Stufen: Für Experten, für informierte

Laien und für absolute Anfänger: [Ihre Erklärung]"

- **Die Visualisierungshilfe**: "Formuliere eine prägnante Aussage zu [Konzept], die sich leicht visualisieren lässt."

Die emotionale Komponente Ihrer Kernaussagen sollte nicht unterschätzt werden. Fakten überzeugen den Verstand, aber Emotionen bewegen zum Handeln. Copilot kann Ihnen helfen, diese Balance zu finden:

- "Ergänze diese faktische Aussage um eine emotionale Komponente, ohne unglaubwürdig zu wirken: [Ihre Aussage]"

- "Formuliere eine Kernbotschaft zu [Thema], die sowohl rationale Argumente als auch emotionale Aspekte beinhaltet."

Ein Marketing-Manager berichtete mir von seiner Erfahrung: "Früher waren meine Präsentationen sehr faktenlastig. Mit Copilot habe ich gelernt, jede wichtige Zahl mit einer emotionalen Geschichte zu verbinden. Die Kombination aus 'Kopf und Bauch' hat die Wirkung meiner Präsentationen verdoppelt."

Die Anordnung Ihrer Kernaussagen folgt idealerweise einer klaren Logik. Auch hier kann Copilot wertvolle Unterstützung bieten:

- "Ordne folgende Kernaussagen in einer logischen Reihenfolge an, die vom Problem zur Lösung führt: [Ihre Aussagen]"

- "Strukturiere diese Botschaften nach dem AIDA-Prinzip (Attention, Interest, Desire, Action): [Ihre Botschaften]"

Ein häufiges Problem bei Präsentationen ist die Inkonsistenz zwischen verschiedenen Folien. Ihre Kernaussagen sollten wie ein roter Faden durch die gesamte Präsentation führen. Mit Copilot können Sie diese Konsistenz sicherstellen:

- "Prüfe, ob folgende Kernaussagen aus verschiedenen Folien konsistent sind und einen logischen Fluss bilden: [Ihre Aussagen]"

- "Formuliere diese Kernbotschaften so um, dass sie ein einheitliches Narrativ bilden: [Ihre Botschaften]"

Die Verbindung von Statistiken mit prägnanten Aussagen ist eine weitere Stärke von Copilot. Zahlen allein sind selten einprägsam, aber verbunden mit einer klaren Kernaussage werden sie wirkungsvoll:

- "Formuliere eine prägnante Kernaussage, die folgende Statistik in einen relevanten Kontext für [Zielgruppe] setzt: [Ihre Statistik]"

- "Wandle diese Daten in eine aussagekräftige Botschaft um, die zum Handeln motiviert: [Ihre Daten]"

Meine Beobachtung aus zahlreichen Workshops: Viele Präsentierende versuchen, zu viele Botschaften in eine einzelne Folie zu packen. Die Faustregel "Eine Folie, eine Kernbotschaft" führt zu deutlich wirkungsvolleren Präsentationen. Unterstützen Sie diese Regel mit Copilot:

- "Identifiziere die wichtigste Kernbotschaft aus folgendem Folientext und formuliere sie prägnant: [Ihr Folientext]"

- "Prüfe, ob diese Folie mehrere konkurrierende Botschaften enthält, und reduziere sie auf eine klare Hauptaussage:

[Ihre Folie]"

Eine Finanzanalystin erzählte mir von ihrer Transformation: "Früher hatte ich bis zu sieben Bullet Points pro Folie. Jetzt konzentriere ich mich auf eine zentrale Aussage pro Folie, unterstützt durch maximal drei Unterpunkte. Die Klarheit meiner Präsentationen hat sich dramatisch verbessert."

Die Anpassung Ihrer Kernaussagen an verschiedene Medien ist ein weiterer Bereich, in dem Copilot glänzt. Eine Botschaft, die auf einer Folie funktioniert, muss für andere Kontexte angepasst werden:

- "Adaptiere diese Kernaussage für drei verschiedene Formate: Präsentationsfolie, Executive Summary und Social-Media-Post: [Ihre Aussage]"

- "Formuliere diese Botschaft einmal für eine detaillierte Handout-Unterlage und einmal für die zugehörige Präsentationsfolie: [Ihre Botschaft]"

Die kontinuierliche Verfeinerung Ihrer Kernaussagen sollte Teil Ihres Erstellungsprozesses sein. Nutzen Sie Copilot für diesen iterativen Prozess:

- "Verbessere folgende Kernaussage, indem du sie präziser, aktiver und einprägsamer machst: [Ihre Aussage]"

- "Gib mir drei Varianten dieser Kernbotschaft mit unterschiedlichen Schwerpunkten: [Ihre Botschaft]"

Der wahre Test für eine gelungene Kernaussage ist ihre Merkfähigkeit. Was bleibt beim Publikum hängen, nachdem Sie den

Raum verlassen haben? Mit Copilot können Sie diese entscheidende Qualität testen:

- "Bewerte die Merkfähigkeit dieser Kernaussage und schlage Verbesserungen vor: [Ihre Aussage]"

- "Wandle diese komplexe Botschaft in einen einprägsamen Satz um, der im Gedächtnis bleibt: [Ihre Botschaft]"

Prägnante Kernaussagen sind nicht nur für Ihre Folien wichtig, sondern auch für Ihre verbale Präsentation. Copilot kann Ihnen helfen, verbale Brücken zwischen Ihren Folien zu bauen:

- "Formuliere prägnante Übergangssätze zwischen folgenden Kernbotschaften: [Ihre Botschaften]"

- "Erstelle eine kurze verbale Einleitung für diese Kernaussage: [Ihre Aussage]"

Im nächsten Abschnitt werden wir darauf aufbauen und zeigen, wie Sie mit Copilot Ihre Rohtexte verfeinern und optimieren können, um den maximalen Impact für Ihr Publikum zu erzielen.

2.2.2 ROHTEXTE DURCH COPILOT VERFEINERN UND OPTIMIEREN LASSEN

Der Feinschliff macht den Unterschied. Selbst brillante Ideen können ihre Wirkung verfehlen, wenn sie holprig formuliert oder umständlich ausgedrückt sind. Jeder, der schon einmal an einer wichtigen Präsentation gearbeitet hat, kennt das Gefühl: Die Kernaussagen stehen, doch irgendwie klingt alles noch nicht rund. Die gute Nachricht: Mit Copilot M365 haben Sie einen erfahrenen

Redakteur an Ihrer Seite, der Ihre Rohtexte in kürzester Zeit verfeinern und optimieren kann.

Das Umschreiben und Verfeinern von Texten gehört zu den Stärken von Copilot M365 in PowerPoint. In meinen Workshops beobachte ich immer wieder, wie überrascht die Teilnehmer sind, wenn sie zum ersten Mal erleben, wie schnell und effektiv ihre rough drafts in überzeugende, prägnante Texte verwandelt werden. "Früher habe ich jede Folie dreimal umgeschrieben, um den richtigen Ton zu treffen", berichtete mir eine Marketing-Leiterin. "Mit Copilot gelingt mir das jetzt im ersten Anlauf."

Die Funktionen zum Umschreiben von Texten in PowerPoint mit Copilot sind vielseitig und leistungsstark. Lassen Sie mich Ihnen die wichtigsten Optimierungsmöglichkeiten vorstellen:

- **Automatisches Umschreiben**: Ideal für allgemeine Verbesserungen in Grammatik, Rechtschreibung und Klarheit. Diese Funktion poliert Ihren Text, ohne seinen Grundcharakter zu verändern.

- **Kondensieren**: Perfekt, um längere Texte zu straffen und auf das Wesentliche zu reduzieren, ohne wichtige Informationen zu verlieren. Der ursprüngliche Ton bleibt dabei erhalten.

- **Formalisieren**: Diese Option verleiht Ihrem Text einen professionelleren Klang, ohne seine Länge wesentlich zu verändern. Besonders nützlich für Präsentationen im Business-Kontext.

- **Als Liste visualisieren**: Transformiert längere Textpassagen in übersichtliche Aufzählungspunkte. Ideal, um komplexe Informationen leichter verdaulich zu machen.

Die Anwendung dieser Funktionen ist denkbar einfach. Ein Projektmanager aus der Automobilindustrie war begeistert: "Ich dachte immer, das Umformulieren und Straffen von Texten sei unvermeidlich zeitaufwendig. Mit Copilot erledige ich das jetzt mit wenigen Klicks."

So nutzen Sie die Textoptimierungsfunktionen in der Praxis:

1. **Text auswählen**: Markieren Sie den Textabschnitt oder das Textfeld, das optimiert werden soll.

2. **Copilot aktivieren**: Klicken Sie auf das Copilot-Symbol, das neben dem markierten Text erscheint.

3. **Optimierungsmethode wählen**: Entscheiden Sie sich für eine der oben genannten Optionen (Umschreiben, Kondensieren, Formalisieren, Als Liste visualisieren).

4. **Ergebnis prüfen**: Copilot präsentiert Ihnen einen oder mehrere Vorschläge.

5. **Annahme oder Ablehnung**: Übernehmen Sie den Vorschlag mit "Behalten" oder lassen Sie Copilot mit "Erneut generieren" weitere Varianten erstellen.

Die wahre Magie dieser Funktionen liegt in ihrer Fähigkeit, den Ton und Stil Ihrer Texte gezielt anzupassen. Ein Vertriebsleiter teilte mir mit: "Ich präsentiere vor unterschiedlichsten Zielgruppen, von technikaffinen IT-Experten bis zu visionären Geschäftsführern. Mit Copilot passe ich meine Präsentationen jetzt in Minuten an die jeweilige Zielgruppe an, statt Stunden mit Umformulierungen zu verbringen."

Besonders wertvoll ist die Möglichkeit, interaktiv mit den Vorschlägen zu arbeiten. Sie müssen die Vorschläge von Copilot nicht einfach akzeptieren oder ablehnen, sondern können sie direkt bearbeiten und verfeinern. Diese Kombination aus künstlicher und menschlicher Intelligenz führt zu optimalen Ergebnissen.

Ein häufiges Szenario in meinen Workshops ist die Transformation technischer Fachsprache in allgemein verständliche Texte. Eine IT-Managerin berichtete: "Früher kämpfte ich damit, komplexe technische Konzepte für das Management zu vereinfachen. Mit Copilot kann ich jetzt zwischen verschiedenen Verständnisebenen wechseln, ohne wichtige Details zu verlieren."

Für diese spezielle Herausforderung empfehle ich folgende Vorgehensweise:

- **Zielgruppenspezifischer Prompt**: "Vereinfache diesen technischen Text für ein nicht-technisches Publikum, behalte aber die Kernaussagen bei."

- **Verständniskontrolle**: "Formuliere diesen Text so um, dass ihn jemand ohne Vorkenntnisse im Bereich [Thema] verstehen kann."

- **Fachsprachliche Anpassung**: "Ersetze die Fachbegriffe in diesem Text durch allgemein verständliche Ausdrücke und füge kurze Erklärungen ein."

Die Tonalität Ihrer Präsentation ist ein weiterer entscheidender Faktor für ihre Wirkung. Copilot kann Ihnen helfen, den perfekten Ton für Ihr Publikum und Ihren Zweck zu finden. Eine Beraterin aus dem Gesundheitssektor erzählte mir: "Durch die Anpassung des Tons meiner Präsentationen mit Copilot konnte ich meine Erfolgsquote bei Pitches deutlich steigern. Die Kunden fühlen sich jetzt direkt angesprochen."

Sie können gezielt mit dem Ton experimentieren, indem Sie spezifische Anweisungen geben:

- "Formuliere diesen Text inspirierender und motivierender."

- "Gib diesem Abschnitt einen sachlichen, faktenbasierten Ton."

- "Mache diese Beschreibung emotionaler und bildhafter."

Der Optimierungsprozess sollte immer zielgerichtet sein. Ein Key Account Manager teilte mir seine Strategie mit: "Ich optimiere meine Texte mit Copilot immer mit einem klaren Ziel vor Augen: Will ich informieren, überzeugen oder begeistern? Diese Fokussierung hilft mir, das Maximum aus den Vorschlägen herauszuholen."

Für verschiedene Präsentationsziele empfehle ich unterschiedliche Optimierungsstrategien:

- **Informative Präsentationen**: Fokus auf Klarheit, Präzision und logische Struktur. Copilot kann helfen, komplexe Informationen verständlicher zu machen und redundante Elemente zu eliminieren.

- **Überzeugende Präsentationen**: Betonung auf starke Argumente, klare Vorteile und handlungsorientierte Sprache. Copilot kann helfen, Ihre Argumente schärfer zu formulieren und überzeugender zu gestalten.

- **Inspirierende Präsentationen**: Einsatz von bildhafter Sprache, emotionalen Elementen und persönlichen Geschichten. Copilot kann helfen, Ihre Texte lebendiger und packender zu gestalten.

Die Konsistenz über alle Folien hinweg ist ein weiterer Aspekt, bei dem Copilot wertvolle Unterstützung leisten kann. Ein Unternehmensberater beschrieb sein Aha-Erlebnis: "Früher hatten meine Präsentationen oft wechselnde Sprachstile, je nachdem, wann ich welchen Teil bearbeitet hatte. Mit Copilot harmonisiere ich jetzt den Ton über die gesamte Präsentation hinweg und erhalte ein viel kohärenteres Ergebnis."

Um die Konsistenz sicherzustellen, können Sie Copilot gezielt einsetzen:

- "Passe diesen Text an den Stil und Ton der vorherigen Folien an."

- "Harmonisiere die Formulierungen dieser Folien, damit sie wie aus einem Guss wirken."

- "Stelle sicher, dass die Terminologie in diesem Abschnitt konsistent mit dem Rest der Präsentation ist."

Die kontinuierliche Verfeinerung ist ein Schlüssel zu exzellenten Präsentationen. Mit Copilot können Sie verschiedene Versionen Ihrer Texte testen und iterativ verbessern. Eine Produktmanagerin berichtete: "Ich nutze Copilot, um verschiedene Versionen meiner Key Messages zu erstellen und zu testen. Diese Experimentierfreudigkeit hat die Qualität meiner Präsentationen deutlich gesteigert."

Der Feinschliff betrifft nicht nur einzelne Textelemente, sondern auch die Übergänge zwischen verschiedenen Folien und Abschnitten. Copilot kann Ihnen helfen, nahtlose Übergänge zu schaffen, die Ihre Präsentation fließender und überzeugender machen. Ein Finanzanalyst teilte mir mit: "Die verbesserten Übergänge zwischen meinen Datenfolien, die ich mit Copilot erstellt habe, haben das Verständnis meiner komplexen Analysen deutlich erleichtert."

Einen besonderen Mehrwert bietet Copilot bei der Anpassung Ihrer Texte für internationale Zielgruppen. Eine Global Marketing

Managerin erzählte: "Mit Copilot passe ich meine Präsentationen jetzt mühelos an kulturelle Besonderheiten an. Was früher Tage dauerte und oft kulturelle Fettnäpfchen enthielt, gelingt jetzt in Minuten mit hoher Präzision."

Mein persönlicher Tipp für die Arbeit mit Copilot bei der Textoptimierung: Nutzen Sie die Zeit, die Sie sparen, um mehr in die strategische Ausrichtung Ihrer Präsentation zu investieren. Die technische Verfeinerung übernimmt Copilot, während Sie sich auf die inhaltliche Tiefe und den strategischen Impact konzentrieren können.

Die kontinuierliche Verbesserung Ihrer Prompts führt zu immer besseren Optimierungsergebnissen. Ein Sales Director berichtete mir: "Je präziser meine Anweisungen an Copilot wurden, desto beeindruckender waren die Ergebnisse. Nach einigen Wochen hatte ich ein Set von Standardprompts entwickelt, die mir perfekte Ergebnisse liefern."

Im nächsten Kapitel werden wir uns damit beschäftigen, wie Sie mit Copilot M365 die visuelle Gestaltung Ihrer Präsentationen auf ein neues Level heben können. Denn nach der inhaltlichen Optimierung folgt die visuelle Exzellenz, um Ihre Botschaft wirklich zum Strahlen zu bringen.

3. Visuelle Exzellenz entfesseln: Design und Bilder mit KI-Magie

Ein bekanntes Sprichwort besagt: "Ein Bild sagt mehr als tausend Worte." Im Kontext von Präsentationen könnte man ergänzen: "Ein schlechtes Design sagt tausend falsche Worte." Die visuelle Gestaltung Ihrer Präsentation entscheidet maßgeblich über deren Wirkung und kann den Unterschied zwischen einer vergessenen und einer unvergesslichen Botschaft ausmachen. Selbst die brillantesten Ideen verlieren an Kraft, wenn sie in einem unübersichtlichen, unprofessionellen oder visuell unattraktiven Format präsentiert werden.

Für viele meiner Klienten stellt genau dieser visuelle Aspekt die größte Herausforderung dar. "Ich kann gut schreiben und präsentieren, aber Design ist einfach nicht meine Stärke", höre ich regelmäßig in meinen Workshops. Diese Unsicherheit hinsichtlich der visuellen Gestaltung führt oft zu einem von zwei Extremen: entweder zu überfüllten, überladenen Folien oder zu langweiligen Standardvorlagen ohne jegliche visuelle Anziehungskraft.

In meiner Beratungspraxis begegne ich täglich Führungskräften und Fachexperten, die stundenlang mit der Auswahl von Farben, Schriftarten und Bildmaterial kämpfen. Ein Finanzexperte gestand mir kürzlich: "Ich habe drei Stunden damit verbracht, das perfekte Bild für meine Titelfolie zu finden, und war am Ende so frustriert, dass ich beinahe die ganze Präsentation abgesagt hätte."

Diese Frustration gehört nun der Vergangenheit an. Mit Copilot M365 haben Sie einen virtuellen Design-Assistenten an Ihrer Seite, der professionelles Layout, ansprechende Farbschemata und passendes Bildmaterial in Sekundenschnelle generieren kann. In diesem Kapitel zeige ich Ihnen, wie Sie diese KI-Magie nutzen, um visuelle Exzellenz in Ihren Präsentationen zu entfesseln, ohne dabei Design-Experte sein zu müssen.

Was Sie in diesem Kapitel konkret erwartet:

- Wie Sie mit Copilot M365 konsistente und professionelle Designs für Ihre Präsentationen erstellen

- Wie Sie Ihre Corporate Identity mühelos in allen Folien wahren

- Wie Sie perfekt passende Bilder und Grafiken finden und nahtlos integrieren

- Wie Sie die rechtlichen Aspekte bei der Bildnutzung im KI-Kontext sicher navigieren

Die visuelle Dimension einer Präsentation umfasst mehrere Schlüsselelemente, die zusammenspielen, um einen harmonischen Gesamteindruck zu erzeugen:

- **Layout und Struktur**: Die räumliche Anordnung von Texten, Bildern und anderen Elementen

- **Farbschema**: Farbkombinationen, die eine bestimmte Stimmung erzeugen und die Markenidentität unterstreichen

- **Typografie**: Schriftarten, Größen und Abstände, die Lesbarkeit und ästhetische Wirkung beeinflussen

- **Bildsprache**: Fotos, Grafiken und Illustrationen, die Ihre Botschaft visualisieren und verstärken

- **Konsistenz**: Einheitliche visuelle Elemente, die Ihrer Präsentation einen professionellen Rahmen geben

Jedes dieser Elemente trägt zur Gesamtwirkung bei und kann den Unterschied zwischen einer mittelmäßigen und einer herausragenden Präsentation ausmachen. Mit Copilot M365 haben Sie nun Zugang zu Design-Expertise auf Knopfdruck, unabhängig von Ihren persönlichen gestalterischen Fähigkeiten.

Eine Marketingmanagerin aus der Automobilindustrie beschrieb ihre Erfahrung so: "Früher waren meine Präsentationen inhaltlich stark, aber visuell schwach. Mit Copilot erstelle ich jetzt Designs, die aussehen, als hätte sie eine professionelle Agentur gestaltet. Meine Kollegen fragen mich sogar nach meinen 'Design-Geheimnissen'."

Der psychologische Aspekt visueller Gestaltung sollte nicht unterschätzt werden. Studien zeigen, dass Menschen visuelle Informationen bis zu 60.000 Mal schneller verarbeiten als Text. Ein durchdachtes visuelles Design verbessert nicht nur die ästhetische Wirkung, sondern auch das Verständnis und die Erinnerungsleistung Ihres Publikums. Professionell gestaltete Präsentationen steigern zudem Ihre Glaubwürdigkeit als Präsentierender.

Ein Vertriebsleiter teilte mir mit: "Seit ich mit Copilot visuell ansprechendere Präsentationen erstelle, haben sich meine Abschlussquoten messbar verbessert. Die Kunden nehmen mich und meine Botschaft ernster."

Die Herausforderungen bei der visuellen Gestaltung sind vielfältig und betreffen Präsentierende aller Erfahrungsstufen:

1. **Zeitmangel**: Professionelles Design erfordert normalerweise viel Zeit und Aufmerksamkeit für Details.

2. **Fehlende Design-Kenntnisse**: Nicht jeder verfügt über ein natürliches Gespür für Farben, Proportionen und visuelle Hierarchie.

3. **Bildrecherche-Frustration**: Die Suche nach dem perfekten Bild kann sich wie die Suche nach der Nadel im Heuhaufen anfühlen.

4. **Konsistenzprobleme**: Eine einheitliche visuelle Sprache über alle Folien hinweg zu wahren, ist eine Herausforderung.

5. **Rechtliche Unsicherheit**: Die Verwendung von Bildern wirft oft urheberrechtliche Fragen auf.

Copilot M365 adressiert genau diese Herausforderungen und transformiert den Design-Prozess von einer mühsamen Aufgabe in ein kreatives Vergnügen. Die KI-Unterstützung ermöglicht es Ihnen, sich auf Ihre Kernbotschaft zu konzentrieren, während Copilot die visuelle Umsetzung übernimmt.

Ein interessanter Aspekt, den ich in meinen Workshops beobachte: Die visuelle Verbesserung einer Präsentation führt oft zu einer inhaltlichen Klärung. Wenn die Elemente visuell klar arrangiert werden müssen, zwingt dies zur Präzisierung der eigenen Gedanken. Eine Projektmanagerin beschrieb es so: "Durch die visuelle Optimierung mit Copilot wurde mir klar, dass einige meiner Argumente redundant waren. Die KI half mir nicht nur ästhetisch, sondern auch inhaltlich."

Die Macht visueller Kommunikation liegt in ihrer unmittelbaren emotionalen Wirkung. Während Texte zunächst intellektuell verarbeitet werden müssen, sprechen Bilder und visuelle Elemente direkt unsere Emotionen an. Mit Copilot M365 können Sie diesen psychologischen Effekt gezielt nutzen, um Ihre Botschaft zu verstärken.

Ein Berater aus dem Gesundheitswesen erzählte mir: "In Präsentationen vor Ärzten musste ich komplexe medizinische Zusammenhänge verständlich machen. Mit den von Copilot generierten Visualisierungen gelang mir endlich der Durchbruch. Die Ärzte konnten die Informationen viel schneller aufnehmen und behielten sie besser im Gedächtnis."

Die Zusammenarbeit zwischen Mensch und KI bei der visuellen Gestaltung folgt einem symbiotischen Prozess. Sie bringen Ihre inhaltliche Expertise und Ihre Vorstellungen ein, während Copilot diese Ideen in visuelle Konzepte übersetzt. Diese Partnerschaft kombiniert das Beste aus beiden Welten: menschliche Kreativität und KI-Effizienz.

Eine besondere Stärke von Copilot liegt in der Kontextbezogenheit seiner Design-Vorschläge. Die KI analysiert Ihre Inhalte und schlägt passende visuelle Elemente vor, die den Kontext Ihrer Präsentation berücksichtigen. Ein Finanzanalyst berichtete begeistert: "Copilot erkennt automatisch, wenn ich über Wachstum spreche, und schlägt passende aufsteigende Grafiken vor. Bei Risikothemen werden die Visualisierungen intuitiv angepasst."

Die visuelle Konsistenz über eine gesamte Präsentation hinweg ist ein Markenzeichen professioneller Gestaltung. Copilot M365 gewährleistet diese Konsistenz mühelos, indem es Design-Entscheidungen über alle Folien hinweg harmonisiert. Dies spart nicht nur Zeit, sondern verleiht Ihren Präsentationen auch einen polierteren, professionelleren Look.

Ein weiterer faszinierender Aspekt ist die kulturelle Anpassungsfähigkeit von Copilot. Die KI kann visuelle Elemente vorschlagen, die kulturell angemessen für Ihre Zielgruppe sind.

Eine Global Marketing Managerin teilte ihre Erfahrung: "Für Präsentationen in verschiedenen Märkten passt Copilot automatisch die Bildsprache und sogar die Farbsymbolik an die jeweilige Kultur an. Das hat mir schon mehrfach geholfen, kulturelle Fettnäpfchen zu vermeiden."

In den folgenden Abschnitten werden wir tiefer in die praktische Anwendung von Copilot für verschiedene Aspekte des visuellen Designs eintauchen. Wir beginnen mit der Erstellung konsistenter Layouts und der Anpassung an Ihre Corporate Identity. Anschließend erkunden wir, wie Sie mit Copilot die perfekten Bilder finden und rechtssicher in Ihre Präsentationen integrieren können.

Visuelle Exzellenz ist kein Luxus, sondern ein entscheidender Erfolgsfaktor für überzeugende Präsentationen. Mit Copilot M365 als Ihrem Design-Partner können Sie diese Exzellenz ohne jahrelanges Design-Studium erreichen. Lassen Sie uns gemeinsam entdecken, wie Sie die KI-Magie entfesseln und Ihre Präsentationen auf ein neues visuelles Level heben können.

3.1 Das perfekte Layout finden: Copilot als Ihr Design-Berater

3.1.1 Konsistente Designvorschläge von Copilot
ERHALTEN UND ANPASSEN

Der Moment der visuellen Transformation beginnt mit einem Klick. Sie haben Ihre Inhalte strukturiert, Ihre Texte formuliert, und nun ist es Zeit, Ihrer Präsentation ein professionelles Erscheinungsbild zu verleihen. Genau hier entfaltet Copilot M365 sein volles Potential als Ihr persönlicher Design-Berater, der konsistente, ansprechende Layouts zaubert, ohne dass Sie Designexpertise benötigen.

Viele meiner Workshopteilnehmer offenbaren mir ihre größte Designfrustrationen: "Ich verbringe Stunden damit, Folien zu formatieren, und am Ende sieht alles irgendwie amateurhaft aus" oder "Meine Präsentationen wirken uneinheitlich, weil ich zwischendurch immer wieder das Design ändere." Diese Herausforderungen gehören mit Copilot der Vergangenheit an.

Um konsistente Designvorschläge von Copilot zu erhalten, beginnen Sie mit der richtigen Anfrage. Die Qualität Ihrer Designergebnisse hängt maßgeblich von der Präzision Ihrer Anweisungen ab. Ein gut formulierter Design-Prompt umfasst idealerweise diese Elemente:

- **Stilrichtung**: Modern, klassisch, minimalistisch, kreativ, technisch

- **Farbwelt**: Bevorzugte Farbpalette oder Stimmung (warm, kühl, neutral)

- **Zielgruppe**: Führungskräfte, technisches Publikum, Kunden, allgemeines Publikum

- **Zweck**: Informieren, überzeugen, motivieren, verkaufen

- **Branche/Kontext**: Relevant für die visuelle Ausrichtung (Finanzen, Technologie, Kreativbranche)

Ein Beispielprompt könnte lauten: "Erstelle ein modernes, minimalistisches Design mit einer kühlen Farbpalette für eine Technologiepräsentation, die technische Experten informieren soll. Die Präsentation behandelt Cloud-Computing-Lösungen."

Die Magie entfaltet sich, wenn Copilot innerhalb von Sekunden mehrere Designvorschläge generiert, die genau auf Ihre Anforderungen zugeschnitten sind. Eine Marketingleiterin aus meinem Workshop war begeistert: "Ich konnte nicht glauben, wie schnell Copilot genau den Look erzeugte, den ich mir vorgestellt hatte, aber selbst nie hinbekommen hätte!"

Sobald Copilot Designvorschläge präsentiert, können Sie diese in verschiedenen Weisen anpassen und verfeinern:

1. **Iteratives Verfeinern durch Folge-Prompts**

    - Geben Sie spezifisches Feedback zu den Vorschlägen: "Ich mag den dritten Vorschlag, aber die Farben sind zu intensiv. Kannst du eine gedämpftere Version erstellen?"

    - Bitten Sie um Variationen eines bestimmten Designs: "Zeige mir Variationen des ersten Designs mit unterschiedlichen Farbakzenten."

    - Kombinieren Sie Elemente verschiedener Vorschläge: "Verwende das Layout aus Vorschlag 1 mit der Farbpalette aus Vorschlag 2."

2. **Manuelle Anpassungen nach Übernahme**

   o Nehmen Sie nach der Auswahl eines Grunddesigns gezielte Anpassungen vor

   o Nutzen Sie die PowerPoint-Designtools für Feinabstimmungen

   o Speichern Sie angepasste Designs als benutzerdefinierte Vorlagen für künftige Verwendung

Ein Finanzanalyst teilte mir seine Erfahrung mit: "Nach der Auswahl eines Grunddesigns von Copilot passte ich lediglich die Firmenfarben an und hatte innerhalb von Minuten ein professionelles, konsistentes Design für meine Quartalspräsentation."

Die Konsistenz über alle Folien hinweg ist ein zentraler Vorteil der Copilot-Designvorschläge. Diese Einheitlichkeit verleiht Ihren Präsentationen einen professionellen Charakter und stärkt die Merkfähigkeit Ihrer Botschaft. Um diese Konsistenz zu gewährleisten, bietet Copilot verschiedene Funktionen:

- **Master-Folien-Ansatz**: Copilot wendet Designelemente konsequent auf alle Master-Folien an, sodass jeder Folientyp (Titel, Inhalt, Vergleich, etc.) im gleichen Stil erscheint.

- **Farbschema-Konsistenz**: Die ausgewählte Farbpalette wird intelligent auf alle Elemente angewendet, mit klaren Primär- und Sekundärfarben für verschiedene Funktionen.

- **Typografie-Harmonie**: Schriftarten, Größen und Gewichte bleiben über die gesamte Präsentation hinweg konsistent, mit klarer visueller Hierarchie.

- **Visuelle Elemente**: Dekorative Elemente, Formen und Hintergründe folgen einem einheitlichen Stil.

Die Anpassung von Designvorschlägen an Ihre spezifischen Bedürfnisse ist ein kreativer Dialog zwischen Ihnen und Copilot. Eine Produktmanagerin beschrieb mir ihren Prozess: "Ich beginne mit einem allgemeinen Design-Prompt, wähle dann einen Vorschlag aus und verfeinere ihn durch gezielte Folge-Prompts. So entsteht ein Design, das sich wirklich einzigartig anfühlt."

Für maximale Effizienz bei der Arbeit mit Designvorschlägen empfehle ich diese bewährte Vorgehensweise:

1. **Startpunkt definieren**

   ○ Beginnen Sie mit einem klaren, aber nicht zu einschränkenden Design-Prompt

   ○ Geben Sie Zweck und Zielgruppe der Präsentation an

   ○ Nennen Sie Stilrichtung und Farbpräferenzen, ohne zu spezifisch zu werden

2. **Exploration und Auswahl**

   ○ Lassen Sie Copilot mehrere Designvarianten generieren

   ○ Bewerten Sie die Vorschläge kritisch hinsichtlich Lesbarkeit, visueller Hierarchie und emotionaler

Wirkung

- ○ Wählen Sie den vielversprechendsten Vorschlag als Ausgangspunkt

3. **Gezielte Verfeinerung**

- ○ Verfeinern Sie das ausgewählte Design durch präzise Folge-Prompts

- ○ Arbeiten Sie sich vom Groben ins Feine

- ○ Testen Sie das Design mit Beispielinhalten

Die magische Fähigkeit von Copilot, Ihre Vision zu verstehen und umzusetzen, wächst mit der Qualität Ihrer Kommunikation. Ein Berater aus meinem Workshop teilte seine Erkenntnis: "Je besser ich beschreiben konnte, was ich wollte, desto besser wurden die Ergebnisse. Copilot hat mich sogar dazu gebracht, meine eigenen Design-Vorstellungen klarer zu artikulieren."

Besonders beeindruckend ist die Fähigkeit von Copilot, verschiedene Folientypen stilistisch konsistent zu gestalten. Die KI versteht den Zweck verschiedener Folienarten und passt das Layout entsprechend an:

- **Titelfolien**: Prominent, aufmerksamkeitsstark, mit klarem Fokus auf die Hauptbotschaft

- **Inhaltsfolien**: Ausgewogenes Layout mit optimaler Lesbarkeit und visueller Hierarchie

- **Datenfolien**: Klare Darstellung mit Fokus auf die Daten, ohne ablenkende Elemente

- **Vergleichsfolien**: Intuitive visuelle Gegenüberstellung von Konzepten oder Optionen

- **Abschlussfolien**: Starke visuelle Wirkung mit Fokus auf Call-to-Action

Eine Vertriebsleiterin erzählte begeistert: "Copilot hat für meine Produktpräsentation verschiedene Folientypen erstellt, die perfekt zusammenpassten. Jede Folie erfüllte ihren spezifischen Zweck, während das Gesamtbild absolut stimmig blieb."

Die psychologische Wirkung eines konsistenten Designs sollte nicht unterschätzt werden. Studien zeigen, dass visuelle Konsistenz das Vertrauen der Zuschauer stärkt und die kognitive Belastung reduziert. Ihr Publikum kann sich auf den Inhalt konzentrieren, statt durch visuelle Unstimmigkeiten abgelenkt zu werden. Ein einheitliches Design signalisiert zudem Professionalität und sorgfältige Vorbereitung.

Der richtige Umgang mit den Designvorschlägen erfordert ein gewisses Maß an kritischem Denken. Nicht jeder Vorschlag ist perfekt, und manchmal erkennt nur das menschliche Auge subtile Probleme. Ein IT-Manager teilte seine Erfahrung: "Ich habe gelernt, die Vorschläge von Copilot als Ausgangspunkt zu betrachten, nicht als Endprodukt. Mit einigen gezielten Anpassungen wird aus einem guten Design ein großartiges."

Typische Aspekte, die nach der Übernahme eines Designs manchmal angepasst werden müssen:

- **Textgröße und Lesbarkeit**: Manchmal muss die Schriftgröße für bessere Lesbarkeit angepasst werden

- **Farbkontraste**: Gelegentlich sind Anpassungen für optimale Lesbarkeit und barrierefreien Zugang nötig

- **Platzierung von Elementen**: Je nach spezifischem Inhalt kann die Positionierung optimiert werden

- **Abstände und Weißraum**: Feinabstimmung für optimale visuelle Balance

Die Integration Ihrer eigenen kreativen Ideen mit den Vorschlägen von Copilot führt zu den besten Ergebnissen. Eine Produktmanagerin beschrieb ihren Ansatz: "Ich sehe Copilot als Partner in einem kreativen Dialog. Die KI bringt Design-Expertise ein, während ich mein Gespür für das Publikum und die Botschaft einbringe."

Nach meiner Erfahrung erreichen Sie die besten Ergebnisse, wenn Sie die Designvorschläge von Copilot als lebendige Ausgangspunkte betrachten, die Sie mit Ihrem eigenen Urteilsvermögen und Ihrer Expertise verfeinern. Die Kombination aus KI-Effizienz und menschlichem Gespür schafft wahrhaft beeindruckende Präsentationen, die Ihr Publikum in ihren Bann ziehen werden.

3.1.2 Ihre Corporate Identity mit Copilot-Hilfe wahren

Markenidentität ist keine Option, sondern ein entscheidender Erfolgsfaktor. In meinen Jahren als Präsentationstrainerin habe ich immer wieder erlebt, wie inkonsistente visuelle Gestaltung den professionellen Eindruck eines Unternehmens untergräbt. Eine Marketingleiterin gestand mir einst: "Unsere Außendienstmitarbeiter erstellen ihre eigenen Präsentationen, und jede sieht anders aus. Manchmal erkenne ich unser eigenes Unternehmen nicht wieder." Diese Herausforderung löst Copilot M365 elegant, indem es Ihre Corporate Identity konsequent und präzise in jede Präsentation integriert.

Die Wahrung Ihrer Corporate Identity geht weit über die Verwendung des richtigen Logos hinaus. Es handelt sich um ein komplexes visuelles System aus Farben, Schriften, Bildsprache und Layout-Prinzipien, die zusammen die unverwechselbare Identität Ihres Unternehmens formen. Mit Copilot M365 können Sie dieses System mühelos auf Ihre PowerPoint-Präsentationen anwenden, ohne dabei Design-Experte sein zu müssen.

Der erste Schritt zur Wahrung Ihrer Corporate Identity mit Copilot besteht darin, die relevanten CI-Elemente zu identifizieren und bereitzustellen. Dies umfasst typischerweise:

- **Primäre und sekundäre Markenfarben**: Die spezifischen Farbcodes (HEX, RGB oder CMYK) Ihrer Unternehmensfarben

- **Typografie**: Die definierten Schriftarten für Überschriften und Fließtext

- **Logo-Varianten**: Verschiedene Versionen Ihres Logos für unterschiedliche Anwendungsfälle

- **Design-Elemente**: Charakteristische grafische Elemente, Muster oder Icons

- **Layout-Regeln**: Vorgaben zur Positionierung von Elementen und Verwendung von Weißraum

Ein Vertriebsleiter aus der Automobilindustrie berichtete mir begeistert: "Nachdem ich Copilot auf unsere CI-Vorgaben trainiert hatte, konnte ich innerhalb von Minuten Präsentationen erstellen, die aussahen, als kämen sie direkt aus unserer Marketingabteilung. Unsere Händler haben den professionellen Look sofort bemerkt."

Um Copilot effektiv mit Ihrer Corporate Identity vertraut zu machen, empfehle ich diese bewährte Vorgehensweise:

1. **CI-Dokumentation sammeln**

   o Stellen Sie Ihr Corporate Design Manual oder Style Guide bereit

   o Sammeln Sie bestehende, CI-konforme Präsentationsvorlagen

   o Identifizieren Sie "Best Practice"-Beispiele aus vergangenen Präsentationen

2. **CI-Elemente in OneDrive/SharePoint ablegen**

   o Erstellen Sie einen spezifischen Ordner für CI-Assets

   o Speichern Sie dort Logoversionen, Farbdefinitionen, Schriftarten etc.

   o Teilen Sie diesen Ordner mit Copilot durch entsprechende Berechtigungen

3. **Copilot mit Ihrer CI vertraut machen**

   o Formulieren Sie einen klaren, detaillierten Prompt zu Ihren CI-Vorgaben

   o Verweisen Sie auf die abgelegten Ressourcen und Beispiele

   o Bitten Sie um Bestätigung, dass Copilot Ihre CI-Vorgaben verstanden hat

Ein effektiver Prompt könnte lauten: "Ich möchte eine Präsentation erstellen, die unsere Corporate Identity perfekt umsetzt. Unsere

Primärfarben sind [Farbcodes], unsere Hauptschrift ist [Schriftname]. Unser Logo sollte [Positionierungsvorgaben] platziert werden. Alle Grafiken sollten unserem minimalistischen, technischen Stil folgen. Die Präsentation sollte unsere CI-Vorgaben befolgen, die in der Datei [Dateiname] in meinem OneDrive-Ordner [Ordnername] definiert sind."

Die Magie beginnt, wenn Copilot diese Anweisungen verarbeitet und in wenigen Sekunden CI-konforme Designvorschläge präsentiert. Eine Produktmanagerin aus der Pharmabranche war beeindruckt: "Ich konnte nicht glauben, wie präzise Copilot unsere strengen CI-Vorgaben umgesetzt hat. Selbst unsere Grafikabteilung war erstaunt über die perfekte Einhaltung aller Regeln."

Die Feinabstimmung Ihrer CI-konformen Designs folgt einem iterativen Prozess:

- **Bewertung der ersten Vorschläge**: Prüfen Sie, ob alle CI-Elemente korrekt umgesetzt wurden

- **Gezielte Anpassungen anfordern**: "Die Farbtöne sind perfekt, aber bitte verwende unsere Sekundärschrift für die Fließtexte"

- **Variationen erkunden**: "Zeige mir Variationen mit unterschiedlicher Platzierung unseres Logos"

- **Speichern erfolgreicher Designs**: Erfolgreiche Designs als Vorlagen für künftige Präsentationen sichern

Ein besonders wertvolles Feature von Copilot M365 ist die Fähigkeit, bestehende Präsentationen an Ihre CI anzupassen. Ein Consultant beschrieb mir seine Erfahrung: "Ich musste eine Präsentation eines Partners in unser Corporate Design überführen. Früher hätte das Stunden gedauert. Mit Copilot war es in wenigen

Minuten erledigt, inklusive aller Farbanpassungen und Typografiewechsel."

Für die Anpassung bestehender Präsentationen empfehle ich diesen Prompt: "Passe diese Präsentation an unsere Corporate Identity an. Ersetze alle Farben durch unsere Markenfarben [Farbcodes], verwende unsere Schriftarten [Schriftarten] und integriere unsere Design-Elemente und Logo gemäß unseren CI-Richtlinien. Achte besonders darauf, die visuelle Hierarchie und Struktur beizubehalten."

Interessanterweise geht die Wahrung der Corporate Identity mit Copilot über rein visuelle Aspekte hinaus. Die KI kann auch den Tonfall und die Sprache Ihrer Marke konsistent umsetzen. Eine Marketing-Managerin teilte mir mit: "Copilot hat nicht nur das Design angepasst, sondern auch unsere typischen Formulierungen und Begriffe verwendet. Die Präsentation klang und sah aus wie 'wir'."

Die sprachliche CI-Konsistenz erreichen Sie mit diesem Prompt-Ansatz: "Passe die Texte dieser Präsentation an unseren Unternehmenstonfall an. Wir verwenden einen [formellen/informellen/technischen/emotionalen] Tonfall und bevorzugen [kurze, prägnante/ausführliche, detaillierte] Sätze. Unsere Kernbegriffe sind [Begriffe], die konsequent verwendet werden sollten."

Für internationale Unternehmen bietet Copilot einen weiteren enormen Vorteil: die konsistente Umsetzung der CI über verschiedene Sprachversionen hinweg. Ein globaler Marketingdirektor berichtete begeistert: "Wir mussten eine Produktpräsentation in fünf Sprachen erstellen. Copilot hat nicht nur die Übersetzung übernommen, sondern auch in jeder Version die CI perfekt gewahrt. Das hätte uns früher Wochen gekostet."

Bei der internationalen Anpassung mit CI-Wahrung empfehle ich folgenden Prompt: "Erstelle eine [Zielsprache]-Version dieser

Präsentation unter perfekter Beibehaltung unserer Corporate Identity. Achte darauf, dass Farben, Schriften, Layouts und visuelle Elemente exakt unseren CI-Vorgaben entsprechen, während der Text kulturell angemessen übersetzt wird."

Die praktischen Vorteile einer konsistenten Corporate Identity durch Copilot sind vielfältig:

- **Zeitersparnis**: Keine manuelle Formatierung und Anpassung mehr nötig

- **Fehlerreduktion**: Keine versehentliche Verwendung falscher Farben oder Schriften

- **Konsistenz**: Einheitliches Erscheinungsbild über alle Präsentationen hinweg

- **Professionalität**: Deutlich höhere wahrgenommene Qualität und Glaubwürdigkeit

- **Flexibilität**: Schnelle Erstellung von Varianten unter Wahrung der CI-Grundsätze

Ein Executive aus dem Finanzbereich fasste seinen ROI so zusammen: "Seit wir Copilot für unsere CI-konformen Präsentationen nutzen, sparen wir nicht nur erheblich Zeit, sondern haben auch eine messbar höhere Conversion-Rate bei Kundenpräsentationen. Der professionelle Look schafft sofort Vertrauen."

Einen besonders kreativen Ansatz verfolgte eine Mediendesignerin, die mir erzählte: "Ich nutze Copilot, um verschiedene CI-Interpretationen zu erkunden, bevor ich sie unseren Kunden präsentiere. Die KI generiert unterschiedliche Designvarianten, die alle den CI-Vorgaben entsprechen, aber unterschiedliche

Schwerpunkte setzen. So kann ich meinen Kunden eine kuratierte Auswahl präsentieren."

Diese explorative Anwendung funktioniert hervorragend mit folgendem Prompt: "Erstelle drei verschiedene Design-Interpretationen für diese Präsentation, die alle unsere CI-Vorgaben einhalten. Die erste Version sollte klassisch und zurückhaltend sein, die zweite modern und dynamisch, die dritte innovativ und überraschend, aber alle innerhalb unserer CI-Grenzen."

Für Unternehmen, die gerade erst beginnen, ihre Corporate Identity zu entwickeln oder zu überarbeiten, bietet Copilot ebenfalls wertvolle Unterstützung. Ein Start-up-Gründer berichtete mir: "Wir hatten nur ein Logo und eine vage Farbvorstellung. Copilot hat uns geholfen, daraus ein komplettes, konsistentes Designsystem für unsere Präsentationen zu entwickeln."

In solchen Fällen empfehle ich diesen Prompt-Ansatz: "Basierend auf unserem Logo und unseren Primärfarben [Farbcodes], entwickle ein konsistentes Designsystem für unsere Präsentationen. Schlage komplementäre Farben, passende Schriftarten und visuelle Elemente vor, die zusammen eine kohärente Corporate Identity bilden."

Die Verknüpfung von Corporate Identity und Zielgruppenanpassung ist ein weiterer Bereich, in dem Copilot brilliert. Eine Vertriebsleiterin teilte ihre Erfahrung: "Wir präsentieren vor sehr unterschiedlichen Zielgruppen, von technischen Experten bis zu C-Level-Executives. Copilot hilft uns, unsere CI flexibel an verschiedene Zielgruppen anzupassen, ohne unsere Markenidentität zu verwässern."

Für zielgruppenspezifische CI-Anpassungen nutzen Sie am besten diesen Prompt: "Passe diese Präsentation für ein [Zielgruppen]-Publikum an, unter strikter Wahrung unserer Corporate Identity. Betone Aspekte unserer visuellen Sprache, die besonders bei dieser Zielgruppe resonieren, ohne von unseren CI-Grundsätzen abzuweichen."

Mein persönlicher Tipp für die optimale CI-Wahrung mit Copilot: Investieren Sie Zeit in die Erstellung eines präzisen, detaillierten "CI-Master-Prompts", den Sie für alle zukünftigen Präsentationen wiederverwenden können. Diese Investition zahlt sich vielfach aus, indem sie konsistente Ergebnisse über alle Ihre Präsentationen hinweg sicherstellt.

Im nächsten Abschnitt werden wir uns damit beschäftigen, wie Sie mit Copilot M365 die perfekten Bilder und Grafiken für Ihre Präsentationen finden und nahtlos integrieren können, um deren visuelle Wirkung weiter zu verstärken.

3.2 Aussagekräftige Bilder integrieren: Copilot als Bildrecherche-Turbo

3.2.1 Passende Grafiken und Fotos KI-gestützt finden und einfügen

Die perfekte Bildauswahl kann den Unterschied zwischen einer vergessenen und einer unvergesslichen Präsentation ausmachen. Ein passendes Bild verstärkt Ihre Botschaft, weckt Emotionen und bleibt im Gedächtnis Ihres Publikums verankert. Doch die Suche nach dem idealen Bildmaterial hat sich für viele meiner Klienten zu einer frustrierenden Zeitverschwendung entwickelt. Stunden werden damit verbracht, durch Stockfoto-Datenbanken zu scrollen, ohne das perfekte Bild zu finden. Mit Copilot M365 gehört dieses Problem der Vergangenheit an.

Meine Erfahrung in zahllosen Workshops hat gezeigt: Die Bildsuche ist einer der Bereiche, in denen Copilot seinen größten Mehrwert entfaltet. Ein Marketingleiter beschrieb mir seinen Aha-Moment: "Früher habe ich pro Präsentation mindestens zwei Stunden mit Bildsuche verbracht. Mit Copilot finde ich in zwei Minuten bessere Bilder als in all der Zeit zuvor."

Die revolutionäre Fähigkeit von Copilot, kontextbezogene Bildvorschläge zu liefern, basiert auf dem Verständnis Ihrer Inhalte und Intentionen. Anders als bei herkömmlichen Suchmaschinen, wo Sie präzise Suchbegriffe eingeben müssen, versteht Copilot den Kontext Ihrer Präsentation und schlägt passende visuelle Elemente vor. Diese intelligente Bildrecherche spart nicht nur Zeit, sondern liefert oft überraschend treffende Ergebnisse.

Um die Bildsuche mit Copilot optimal zu nutzen, empfehle ich folgende Vorgehensweise:

1. **Kontextbezogene Anfragen stellen**

   - Beschreiben Sie den Inhalt und Zweck Ihrer Folie

   - Erwähnen Sie Ihre Zielgruppe und den gewünschten emotionalen Eindruck

   - Geben Sie an, ob Sie eine Fotografie, Illustration oder Icon suchen

2. **Spezifische Attribute definieren**

   - Nennen Sie gewünschte Stilelemente (minimalistisch, farbenfroh, seriös)

   - Beschreiben Sie bevorzugte Farbstimmungen, die zu Ihrem Design passen

   - Spezifizieren Sie gewünschte Perspektiven oder Kompositionen

3. **Iteratives Verfeinern**

   - Bewerten Sie die ersten Vorschläge und geben Sie gezieltes Feedback

   - Präzisieren Sie Ihre Anfrage basierend auf den ersten Ergebnissen

   - Experimentieren Sie mit unterschiedlichen Beschreibungen für dasselbe Konzept

Eine Projektmanagerin aus dem Gesundheitswesen teilte mir ihre Erfahrung mit: "Ich bat Copilot um 'ein Bild, das Teamarbeit im medizinischen Kontext zeigt, ohne Klischees'. Die Vorschläge waren so treffsicher, dass ich sofort drei passende Optionen hatte, die ich in verschiedenen Teilen meiner Präsentation einsetzen konnte."

Die konkreten Prompt-Formulierungen machen den entscheidenden Unterschied bei der Bildsuche. Hier sind einige meiner bewährten Prompt-Beispiele:

- **Für abstrakte Konzepte**: "Finde ein Bild, das das Konzept 'Digitale Transformation' visualisiert, ohne abgenutzte Motive wie Zahnräder oder Binärcode zu verwenden. Es sollte eine positive, zukunftsorientierte Stimmung vermitteln und zu einem Corporate-Publikum passen."

- **Für datengestützte Folien**: "Schlage ein unterstützendes Bild für eine Folie mit Verkaufszahlen vor. Es sollte subtil sein, nicht von den Daten ablenken und Erfolg oder Wachstum symbolisieren, ohne klischeehaft zu wirken."

- **Für Titelfolien**: "Finde ein aufmerksamkeitsstarkes Titelbild für eine Präsentation über Nachhaltigkeit in der Logistikbranche. Es sollte modern und optimistisch wirken, ohne typische 'grüne' Klischees zu bedienen."

Die Qualität Ihrer Bildprompts hat direkten Einfluss auf die Qualität der Bildvorschläge. Vage Anfragen wie "Finde ein gutes Bild zum Thema Führung" führen zu generischen Ergebnissen. Spezifische Prompts wie "Finde ein Bild, das moderne, kollaborative Führung in einem diversen Team zeigt, mit einer dynamischen, aber nicht hektischen Atmosphäre" liefern deutlich treffendere Vorschläge.

Ein Vertriebsleiter aus der Automobilbranche berichtete: "Ich habe gelernt, in meinen Bildanfragen zu beschreiben, welche Emotion das Bild beim Betrachter auslösen soll. Dieser kleine Trick hat die Relevanz der Vorschläge drastisch verbessert."

Sobald Copilot Ihnen Bildvorschläge präsentiert, folgt der nächste wichtige Schritt: die Integration in Ihre Präsentation. Auch hier bietet Copilot wertvolle Unterstützung. Sie können die Bilder nicht nur einfügen lassen, sondern auch direkt Anpassungen vornehmen:

- **Positionierung optimieren**: "Platziere dieses Bild rechts auf der Folie, neben den Textpunkten, und sorge für genügend Weißraum."

- **Größe anpassen**: "Vergrößere das Bild so, dass es etwa ein Drittel der Folie einnimmt, ohne die Textlesbarkeit zu beeinträchtigen."

- **Stilistische Anpassungen**: "Passe die Farbsättigung des Bildes an, damit es besser zu unserem Corporate Design passt."

Die nahtlose Integration in PowerPoint bedeutet, dass Sie den gesamten Prozess von der Suche bis zur Platzierung in einem einzigen Workflow erledigen können. Eine Marketingmanagerin beschrieb mir den Unterschied: "Früher musste ich zwischen Stock-Websites und PowerPoint hin und her wechseln, Screenshots machen, Bilder herunterladen, zurechtschieben... Mit Copilot ist der gesamte Prozess so organisch, dass ich kaum merke, dass ich eine komplexe Aufgabe erledige."

Für bestimmte Präsentationstypen eignen sich unterschiedliche Bildarten besonders gut. Mit Copilot können Sie gezielt nach diesen spezifischen Visualisierungstypen suchen:

1. **Konzeptuelle Illustrationen**

   ○ Ideal für abstrakte Themen und komplexe Zusammenhänge

- Helfen, schwer greifbare Konzepte zu visualisieren

- Prompt-Beispiel: "Erstelle eine konzeptuelle Illustration, die den Zusammenhang zwischen Datensicherheit und Benutzerfreundlichkeit darstellt."

2. Authentische Situationsbilder

- Perfekt für praxisorientierte Präsentationen und Case Studies

- Schaffen Identifikation und Wiedererkennung

- Prompt-Beispiel: "Finde ein authentisches Bild eines Teams in einer Problemlösungssituation, das diverse Perspektiven zeigt."

3. Emotionale Stimmungsbilder

- Besonders wirksam für motivierende oder inspirierende Präsentationen

- Wecken Gefühle und schaffen Verbindung

- Prompt-Beispiel: "Suche ein emotionales Bild, das Stolz und Erfüllung nach einer gemeisterten Herausforderung zeigt."

4. Symbolische Visualisierungen

- Gut geeignet für komplexe oder sensible Themen

- Transportieren Botschaften auf metaphorischer Ebene

- Prompt-Beispiel: "Finde ein symbolisches Bild für den Transformationsprozess, ohne typische Schmetterlingsmetaphern zu verwenden."

Die Anpassung an Ihre Zielgruppe spielt bei der Bildauswahl eine entscheidende Rolle. Ein Finanzberater teilte mir mit: "Ich habe gelernt, in meinen Prompts explizit die Zielgruppe zu erwähnen. Für die gleiche Präsentation verwende ich völlig andere Bilder, je nachdem ob ich vor konservativen Bankern oder innovativen FinTech-Startups spreche."

Die kulturelle Sensibilität bei der Bildauswahl ist ein Aspekt, den viele übersehen. Copilot kann Ihnen helfen, kulturell angemessene Bilder zu finden, die in verschiedenen Kontexten funktionieren. Eine Global Marketing Managerin berichtete: "Für unsere internationale Kampagne bat ich Copilot um Bilder, die in asiatischen und europäischen Märkten gleichermaßen funktionieren. Die vorgeschlagenen Visualisierungen vermieden geschickt kulturelle Fallstricke."

Ein faszinierender Aspekt von Copilot ist die Fähigkeit, Bilder zu finden, die mit Ihrem Text und anderen visuellen Elementen harmonieren. Sie können beispielsweise nach Bildern suchen, die farblich zu Ihrem Designschema passen:

"Finde ein Bild zum Thema Innovation, das unsere Unternehmensfarben Blau und Orange aufgreift und zu unserem minimalistischen Designstil passt."

Die Platzierung und das Arrangement mehrerer Bilder auf einer Folie kann eine Herausforderung darstellen. Auch hier unterstützt Sie Copilot:

"Arrangiere diese drei Bilder als ausgewogene Collage auf der Folie, mit dem wichtigsten Bild leicht größer als die anderen. Stelle sicher, dass genügend Raum für die Überschrift bleibt."

Mein persönlicher Tipp für die Arbeit mit Bildvorschlägen ist, stets mehrere Optionen einzuholen und diese kritisch zu bewerten. Ein Controller aus dem Energiesektor war begeistert: "Ich bitte Copilot immer um mindestens drei Alternativen und lasse mir dann erklären, warum jedes Bild geeignet sein könnte. Diese Reflexionsphase hilft mir enorm bei der Auswahl."

Die Bildqualität spielt eine entscheidende Rolle für den professionellen Eindruck Ihrer Präsentation. Mit Copilot können Sie gezielt nach hochauflösenden Bildern suchen:

"Finde ein hochauflösendes, professionelles Bild einer städtischen Skyline bei Sonnenuntergang, das auch bei großformatiger Projektion gestochen scharf bleibt."

Die Anpassung bestehender Bilder ist ein weiterer Bereich, in dem Copilot glänzt. Haben Sie bereits ein Bild, das inhaltlich passt, aber stilistisch nicht optimal ist? Copilot kann Ihnen helfen:

"Passe dieses Bild so an, dass es weniger gesättigt wirkt und besser zu unserem dezenten Corporate Design passt."

Der wahre Mehrwert von Copilot bei der Bildsuche liegt in der Zeit, die Sie sparen, kombiniert mit der Qualität der Ergebnisse. Eine Projektleiterin fasste es treffend zusammen: "Die Bildsuche war immer ein Produktivitätskiller für mich. Mit Copilot ist sie nicht nur effizienter, sondern macht sogar Spaß. Ich entdecke Visualisierungen, die ich nie gefunden hätte, weil ich nicht gewusst hätte, wonach ich suchen soll."

In meinen Workshops sehe ich immer wieder, wie befreiend es für die Teilnehmer ist, die Bildsuche an Copilot zu delegieren. Sie können sich endlich auf den Inhalt und die Botschaft konzentrieren, statt sich in der endlosen Suche nach dem perfekten Bild zu verlieren. Diese Freiheit führt zu kreativeren, ausdrucksstärkeren Präsentationen, die Ihre Botschaft visuell verstärken und im Gedächtnis bleiben.

3.2.2 BILDRECHTE UND LIZENZIERUNG IM KI-KONTEXT VERSTEHEN

Die rechtliche Dimension der Bildnutzung verunsichert viele meiner Workshopteilnehmer. "Darf ich diese Bilder überhaupt verwenden?" oder "Brauche ich eine Genehmigung für KI-generierte Grafiken?" sind Fragen, die regelmäßig auftauchen. Diese Unsicherheit ist verständlich, denn Urheberrechtsverletzungen können kostspielige Konsequenzen haben. Glücklicherweise bietet Copilot M365 in PowerPoint eine elegante Lösung für dieses Problem, die sowohl rechtssicher als auch benutzerfreundlich ist.

Der Umgang mit Bildrechten hat sich durch die KI-Integration in Microsoft 365 grundlegend verändert. Statt selbst in den rechtlichen Grauzonen der Bildnutzung navigieren zu müssen, stellt Ihnen Copilot ausschließlich Bilder zur Verfügung, die Sie im Rahmen Ihrer Microsoft-Lizenz unbesorgt verwenden dürfen. Das bedeutet eine enorme Erleichterung und Zeitersparnis im Präsentationsalltag.

Die von Copilot bereitgestellten Bilder stammen aus zwei unterschiedlichen Quellen, die jeweils eigene Nutzungsbedingungen haben:

- **Lizenzierte Stockbibliothek**: Microsoft nutzt eine umfangreiche Sammlung lizenzgebührenfreier Bilder, Symbole und Illustrationen, die Sie innerhalb Ihrer Microsoft 365-Anwendungen verwenden dürfen.

- **KI-generierte Bilder**: Mit DALL-E 3 kann Copilot auf Basis Ihrer Texteingaben vollkommen neue Bilder erzeugen (aktuell nur für Copilot Pro-Benutzer verfügbar, noch nicht für kommerzielle Microsoft 365 Copilot-Nutzer).

Ein Marketingleiter aus meinem Workshop beschrieb seine Erleichterung so: "Früher habe ich jedes Bild einzeln auf Lizenzrechte geprüft oder teure Stockfoto-Abonnements abgeschlossen. Jetzt kann ich mich auf die rechtssichere Bildauswahl von Copilot verlassen und spare nicht nur Zeit, sondern auch Budget."

Die Nutzungsrechte für die von Copilot bereitgestellten Bilder sind erfreulich großzügig, unterliegen aber wichtigen Einschränkungen, die Sie unbedingt kennen sollten:

1. **Was Sie tun dürfen**:

   o   Bilder in Präsentationen, Dokumenten und anderen Microsoft 365-Dateien verwenden

   o   Diese Dateien mit anderen teilen oder sogar verkaufen

   o   Dateien in andere Formate wie PDF exportieren

   o   Bilder nach Belieben verändern oder anpassen

   o   Die Inhalte weltweit und zeitlich unbegrenzt nutzen

2. **Was Sie nicht tun sollten**:

   o   Bilder in Anwendungen außerhalb des Microsoft 365-Universums kopieren

   o   Bilder per "Speichern unter" separat speichern und anderweitig verwenden

- Bilder auf Websites oder als Handelswaren einsetzen

Die grundlegende Regel lautet: Solange Sie die Bilder innerhalb von Microsoft 365-Anwendungen oder auf SharePoint-Websites nutzen, haben Sie weitreichende Freiheiten. Sobald Sie die Bilder jedoch herauskopieren und in anderen Kontexten verwenden möchten, verlassen Sie den geschützten rechtlichen Rahmen.

Ein entscheidender Unterschied zu herkömmlichen Stockfoto-Websites liegt in der Lizenzart. Bei klassischen Bildagenturen erwerben Sie in der Regel eine Lizenz für die allgemeine Verwendung des Bildes in verschiedenen Kontexten. Bei Microsoft 365 ist die Lizenz hingegen an die Verwendung innerhalb der Microsoft-Anwendungen gebunden.

Die rechtliche Sicherheit, die Copilot M365 bei der Bildnutzung bietet, ist für viele meiner Klienten ein wichtiges Argument für den Einsatz dieser Technologie. Ein Unternehmensberater berichtete: "Die Gewissheit, dass alle von Copilot vorgeschlagenen Bilder rechtlich unbedenklich sind, nimmt mir eine große Last von den Schultern. Ich kann mich voll auf die inhaltliche und gestalterische Qualität konzentrieren."

Bei KI-generierten Bildern durch DALL-E kommen zusätzliche Aspekte ins Spiel. Microsoft implementiert hier umfassende Sicherheitsmaßnahmen:

- **Verantwortungsvolle KI-Nutzung**: Kontrollmechanismen verhindern die Generierung potenziell schädlicher oder unangemessener Bilder.

- **Transparenz**: KI-generierte Bilder werden mit Inhaltsanmeldeinformationen nach dem C2PA-Standard versehen, um sie als solche erkennbar zu machen.

- **Filtermechanismen**: Das System blockiert automatisch Eingabeaufforderungen, die zu problematischen Bildern führen könnten.

Die verantwortungsvolle KI-Nutzung spiegelt sich auch in der sorgfältigen Prüfung durch das Responsible AI-Team (RAI) von Microsoft wider. Dieses stellt sicher, dass die Bildgenerierung ethischen Grundsätzen folgt und Risiken minimiert werden.

In meinen Workshops taucht regelmäßig die Frage auf, ob man die Lizenzierung der verwendeten Bilder in der Präsentation kenntlich machen muss. Die gute Nachricht: Bei Bildern, die über Copilot in PowerPoint eingebunden werden, ist keine separate Quellenangabe erforderlich. Die Lizenzierung ist bereits durch Ihre Microsoft 365-Lizenz abgedeckt.

Ein wichtiger Aspekt beim Umgang mit Bildrechten ist auch der Datenschutz. Wenn Sie Copilot M365 im Unternehmenskontext nutzen, ist diese Version durch das Data Processing Addendum von Microsoft abgesichert. Im Gegensatz zu kostenlosen KI-Tools, bei denen Ihre Ein- und Ausgaben oft für das Training der KI verwendet werden dürfen, bietet der kommerzielle Copilot für Microsoft 365 vertragliche Absicherungen für den Datenschutz.

Der technische Prozess hinter der Bildbereitstellung durch Copilot ist interessant: Microsoft verknüpft sein Datenökosystem mit dem Large Language Model (LLM) und dem sogenannten "Grounding"-Prozess. Dieser stellt sicher, dass der Copilot nur auf Daten zugreift, auf die Sie als Nutzer bereits Zugriffsberechtigung haben, und respektiert damit sowohl Lizenz- als auch Datenschutzbestimmungen.

Für Unternehmen mit besonderen Anforderungen, etwa im Bereich der Berufsgeheimnisse, besteht die Möglichkeit, Zusatzvereinbarungen mit Microsoft abzuschließen. Diese können den rechtlichen Rahmen für die Bildnutzung noch präziser definieren und zusätzliche Sicherheiten bieten.

Die kommerzielle Nutzung der Präsentationen mit eingebetteten Copilot-Bildern ist ausdrücklich erlaubt. Als Projektmanagerin teilte mir eine Teilnehmerin mit: "Wir verkaufen regelmäßig Schulungsunterlagen mit eingebetteten Präsentationen. Die Rechtssicherheit durch Copilot war für uns ein entscheidender Faktor, da wir keine Zeit für aufwändige Lizenzrecherchen haben."

Ein häufiges Missverständnis, dem ich begegne, betrifft die Nutzung von Bildern in exportierten Dateien. Tatsächlich dürfen Sie Ihre PowerPoint-Präsentationen mit den von Copilot eingefügten Bildern problemlos in andere Formate wie PDF exportieren und diese weiterverbreiten. Die Lizenz bleibt erhalten, solange die Bilder Teil des exportierten Dokuments bleiben.

Die Kostenstruktur für Copilot M365 verdient ebenfalls Beachtung. Mit etwa 30 US-Dollar pro Nutzer und Monat (zusätzlich zu Ihrem bestehenden Microsoft 365-Abo) ist der Dienst nicht gerade günstig. Doch viele meiner Klienten berichten, dass sich diese Investition allein durch die Zeit- und Kostenersparnis bei der rechtssicheren Bildrecherche amortisiert.

Seit kurzem ist Copilot für Microsoft 365 für Unternehmen jeder Größe zugänglich, ohne Mindestanzahl an Nutzern. Voraussetzung ist lediglich ein bestehendes Abonnement wie "Microsoft 365 Business Premium", "Business Standard" oder Enterprise-Versionen wie "Office E3" und "E5".

Mein persönlicher Tipp für den Umgang mit Bildrechten im KI-Kontext: Dokumentieren Sie Ihre Bildrecherche mit Copilot, besonders wenn es sich um geschäftskritische Präsentationen handelt. Ein einfacher Screenshot des Copilot-Dialogs zur Bildsuche kann im seltenen Fall von Rückfragen als Nachweis dienen.

In der Praxis zeigt sich immer wieder, dass die rechtliche Sicherheit einen kaum zu überschätzenden Wert darstellt. Eine Teilnehmerin aus der Rechtsabteilung eines großen Unternehmens berichtete: "Früher mussten wir jede Präsentation unserer Mitarbeiter auf mögliche Rechtsverstöße bei Bildnutzungen prüfen. Mit Copilot M365 können wir diesen Prozess drastisch verschlanken und unsere Ressourcen für wichtigere Aufgaben einsetzen."

Die Bildrechte und Lizenzierung im KI-Kontext sind ein faszinierendes Feld, das sich kontinuierlich weiterentwickelt. Mit Copilot M365 bietet Microsoft eine pragmatische Lösung, die rechtliche Sicherheit mit Benutzerfreundlichkeit verbindet. Im nächsten Kapitel widmen wir uns einem weiteren spannenden Aspekt: der Maximierung der Wirkung Ihrer Präsentationen durch datengestützte Visualisierungen und kraftvolles Storytelling mit Copilot.

4. Wirkung maximieren: Daten, Storytelling und Feinschliff mit Copilot

Die wahre Magie einer Präsentation entfaltet sich nicht allein durch schönes Design oder kluge Worte. Sie entsteht, wenn Daten zum Sprechen gebracht werden, wenn eine fesselnde Geschichte entsteht und wenn jedes Detail perfekt sitzt. In diesem Kapitel betreten wir die Königsklasse der Präsentationsgestaltung: die Kunst, maximale Wirkung durch datengestützte Visualisierungen, überzeugendes Storytelling und professionellen Feinschliff zu erzielen. Mit Copilot M365 als Ihrem kreativen Partner werden diese anspruchsvollen Aufgaben nicht nur bewältigbar, sondern zum kreativen Vergnügen.

Stellen Sie sich das Szenario vor: Sie haben bereits eine strukturierte Präsentation mit ansprechendem Design erstellt. Nun gilt es, aus guten Folien außergewöhnliche zu machen. Genau hier unterscheiden sich durchschnittliche von herausragenden Präsentationen. Die Fähigkeit, komplexe Daten verständlich zu visualisieren, eine packende Geschichte zu erzählen und jeden Aspekt präzise zu verfeinern, verleiht Ihrer Präsentation jene überzeugende Kraft, die Ihr Publikum nicht nur informiert, sondern begeistert und zum Handeln motiviert.

In meinen Workshops erlebe ich regelmäßig, wie Teilnehmer an genau diesen Herausforderungen scheitern. "Ich habe all diese Daten, aber keine Ahnung, wie ich sie visualisieren soll", oder "Meine Präsentation enthält alle wichtigen Informationen, wirkt aber irgendwie leblos" sind typische Aussagen. Die gute Nachricht:

Mit Copilot M365 verfügen Sie über einen mächtigen Verbündeten, der diese komplexen Aufgaben meistert.

Die Visualisierung von Daten stellt viele vor eine besondere Hürde. Welches Diagramm eignet sich für welche Daten? Wie stelle ich Zahlen so dar, dass sie nicht nur korrekt, sondern auch verständlich und überzeugend sind? Ein Finanzanalyst aus einem meiner Workshops berichtete: "Früher habe ich stundenlang mit Excel-Diagrammen gekämpft, um dann festzustellen, dass niemand meine Botschaft verstand. Mit Copilot konnte ich in Minuten klare, aussagekräftige Visualisierungen erstellen, die meine Kernaussagen perfekt unterstützten."

Datenvisualisierungen sind mehr als schmückendes Beiwerk. Sie sind mächtige Kommunikationswerkzeuge, die komplexe Zusammenhänge sichtbar machen und Ihre Argumentationen untermauern. Wichtig dabei ist nicht nur die technische Korrektheit, sondern vor allem die Fähigkeit, die Geschichte hinter den Zahlen zu erzählen. Copilot M365 hilft Ihnen, genau das zu erreichen, indem es Ihre Daten analysiert und passende Visualisierungsformen vorschlägt.

Die zentrale Rolle des Storytellings kann kaum überschätzt werden. Zahlen und Fakten mögen informieren, aber Geschichten bewegen. Sie schaffen emotionale Verbindungen, bleiben im Gedächtnis und motivieren zum Handeln. Doch gutes Storytelling folgt bestimmten dramaturgischen Prinzipien, die nicht jedem in Fleisch und Blut übergegangen sind. Mit Copilot haben Sie einen erfahrenen Narrativ-Coach an Ihrer Seite, der Ihnen hilft, Ihre Präsentation dramaturgisch aufzubauen und rhetorisch zu stärken.

Eine Marketingleiterin teilte mir ihre Erfahrung mit: "Ich konnte immer gut schreiben, hatte aber Schwierigkeiten, eine überzeugende Dramaturgie für meine Präsentationen zu entwickeln. Mit Copilot habe ich gelernt, wie ich Spannungsbögen aufbaue und emotionale Höhepunkte setze. Meine Kunden-Pitches sind jetzt nicht mehr nur informativ, sondern wirklich packend."

Der professionelle Feinschliff macht schließlich den entscheidenden Unterschied zwischen einer guten und einer exzellenten Präsentation. Es sind oft die kleinen Details, die über Erfolg oder Misserfolg entscheiden: konsistente Formatierung, nahtlose Übergänge, prägnante Kernbotschaften und ein roter Faden, der sich durch die gesamte Präsentation zieht. Copilot unterstützt Sie bei diesem Prozess, indem es Inkonsistenzen aufspürt, Verbesserungsvorschläge macht und Ihnen hilft, Ihre Botschaft kristallklar zu kommunizieren.

Die synergetische Verbindung von Datenvisualisierung und Storytelling erzeugt eine besonders starke Wirkung. Wenn Ihre Daten eine Geschichte erzählen und Ihre Geschichte durch Daten untermauert wird, entsteht eine überzeugende Kraft, die Ihr Publikum kaum ignorieren kann. Ein Projektmanager beschrieb seinen Aha-Moment so: "Als ich verstand, dass Daten und Storytelling keine getrennten Elemente sind, sondern zusammengehören, änderte sich alles. Mit Copilot konnte ich diese Verbindung mühelos herstellen."

Was Sie in diesem Kapitel konkret erwartet:

- Strategien zur effektiven Visualisierung komplexer Daten mit Copilot

- Methoden, um Ihre Diagramme professionell zu gestalten und zu optimieren

- Techniken für überzeugendes Storytelling in Ihren Präsentationen

- Wege zur Stärkung Ihrer Übergänge und Kernbotschaften

Der Prozess der Datenvisualisierung umfasst mehrere Schritte, vom Verständnis der zugrundeliegenden Daten über die Auswahl des richtigen Diagrammtyps bis hin zur visuellen Optimierung.

Copilot kann Sie bei jedem dieser Schritte unterstützen, indem es Ihre Daten analysiert, passende Visualisierungsformen vorschlägt und diese nach Ihren Wünschen anpasst.

Besonders wertvoll finde ich die Fähigkeit von Copilot, komplexe Datenbeziehungen zu erkennen und entsprechende Visualisierungsformen vorzuschlagen. Eine Business Analystin erzählte mir: "Ich hatte Zahlen aus verschiedenen Quellen und wusste nicht, wie ich sie sinnvoll darstellen sollte. Copilot erkannte Muster, die mir entgangen waren, und schlug ein Sankey-Diagramm vor, das die Zusammenhänge perfekt visualisierte."

Die psychologischen Aspekte der Datenwahrnehmung spielen eine entscheidende Rolle bei der Wirkung Ihrer Präsentation. Menschen nehmen visuelle Informationen schneller und besser auf als reine Texte oder Zahlen. Doch nicht jede Visualisierung ist gleich effektiv. Copilot berücksichtigt die Prinzipien der visuellen Wahrnehmung und hilft Ihnen, Daten so darzustellen, dass sie intuitiv erfassbar sind und im Gedächtnis bleiben.

Der Aufbau einer überzeugenden Erzählstruktur für Ihre Präsentation ist eine Kunst, die erlernbar ist. Mit Copilot können Sie verschiedene narrative Ansätze erkunden und die passende Struktur für Ihre spezifische Botschaft finden. Ob klassische Heldenreise, Problem-Lösung-Struktur oder andere bewährte Erzählmuster – Copilot hilft Ihnen, Ihre Inhalte dramaturgisch wirksam zu arrangieren.

Ein Vertriebsleiter berichtete begeistert: "Meine Produktpräsentationen waren früher reine Auflistungen von Features. Mit Copilot habe ich gelernt, sie als Heldenreise zu strukturieren, bei der der Kunde im Mittelpunkt steht. Die Resonanz ist überwältigend positiv."

Die Übergänge zwischen einzelnen Folien und Abschnitten sind oft unterschätzte Elemente einer Präsentation. Sie sorgen für Fluss und Kohärenz und helfen dem Publikum, der Argumentation zu folgen. Copilot kann Ihnen helfen, passende Übergänge zu formulieren, die Ihre Folien nicht nur verbinden, sondern auch Spannung aufbauen und Ihre Botschaft verstärken.

Kernbotschaften sind die Essenz Ihrer Präsentation, jene zentralen Aussagen, die im Gedächtnis Ihres Publikums haften bleiben sollen. Mit Copilot können Sie diese Kernbotschaften schärfen, prägnant formulieren und visuell hervorheben, sodass sie maximale Wirkung entfalten. Eine Unternehmensberaterin teilte mir mit: "Copilot hat mir geholfen, meine Kernbotschaften auf den Punkt zu bringen. Statt ausschweifender Erklärungen habe ich nun kristallklare Aussagen, die sofort verstanden werden."

Die Verbindung von analytischem und kreativem Denken ist eine der großen Stärken von Copilot M365. Es kann Ihnen helfen, Ihre datengestützten Argumente in eine überzeugende Geschichte zu verwandeln und dabei sowohl den rationalen als auch den emotionalen Zugang zu Ihrem Publikum zu finden. Diese Balance ist entscheidend für wirklich überzeugende Präsentationen.

Der Feinschliff einer Präsentation umfasst viele Aspekte, von der Konsistenz über die Barrierefreiheit bis hin zur technischen Optimierung. In den folgenden Abschnitten werden wir jeden dieser Aspekte im Detail betrachten und zeigen, wie Copilot Ihnen dabei helfen kann, Ihre Präsentation auf ein professionelles Niveau zu heben.

Die Kombination aus datengestützter Argumentation, fesselndem Storytelling und professionellem Feinschliff macht den Unterschied zwischen einer Präsentation, die schnell vergessen wird, und einer, die nachhaltig wirkt und zu konkreten Ergebnissen führt. Mit Copilot M365 als Ihrem Partner haben Sie alle Werkzeuge an der Hand, um diesen Unterschied zu machen.

In den folgenden Abschnitten werden wir tiefer in die einzelnen Aspekte eintauchen und Ihnen zeigen, wie Sie Copilot gezielt einsetzen können, um maximale Wirkung zu erzielen. Wir beginnen mit der Visualisierung komplexer Daten und zeigen Ihnen, wie Sie Ihre Zahlen zum Sprechen bringen und überzeugende Diagramme erstellen können.

4.1 Komplexe Daten visualisieren: Copilot für klare Diagramme nutzen

4.1.1 Datenpunkte in verständliche Grafiken umwandeln lassen

Zahlen allein überzeugen selten. Selbst die beeindruckendsten Daten können ihre Wirkung komplett verfehlen, wenn sie nicht visuell aufbereitet werden. In meinen Workshops erlebe ich regelmäßig, wie Teilnehmer mit Excel-Tabellen und Zahlenbergen kämpfen, die sie irgendwie in ihre PowerPoint-Präsentationen integrieren müssen. "Ich habe all diese wichtigen Zahlen, aber niemand versteht, was sie eigentlich bedeuten", ist ein Klagelied, das ich nur zu gut kenne.

Die Transformation von rohen Datenpunkten in aussagekräftige visuelle Darstellungen gehört zu den größten Stärken von Copilot M365. Mit wenigen Anweisungen können Sie Ihre Zahlen zum Sprechen bringen und komplexe Zusammenhänge sichtbar machen, die sonst im Zahlendschungel untergehen würden.

Der Schlüssel zum Erfolg liegt in der richtigen Kommunikation mit Copilot. Anstatt einfach "Erstelle ein Diagramm" zu fordern, sollten Sie präzise Anweisungen geben, die das gewünschte Ergebnis beschreiben. Ein gut formulierter Prompt für Datenvisualisierungen umfasst idealerweise diese Elemente:

- **Datenkontext**: Erklären Sie kurz, worum es bei Ihren Daten geht und welchen Zeitraum sie abdecken

- **Visualisierungsziel**: Definieren Sie, welche Botschaft oder Erkenntnis vermittelt werden soll

- **Präferenz zum Diagrammtyp**: Optional können Sie einen bevorzugten Diagrammtyp angeben

- **Zielgruppe**: Erwähnen Sie, für wen die Visualisierung gedacht ist, damit Copilot den richtigen Detailgrad wählt

Eine Finanzanalystin aus meinem Workshop berichtete begeistert: "Früher habe ich meine Quartalszahlen einfach als Tabelle präsentiert. Mit Copilot zeige ich jetzt Trends und Muster, die sogar unserem CEO sofort ins Auge springen. Die Qualität der Diskussionen in unseren Meetings hat sich dadurch völlig verändert."

Der Prozess der Datenvisualisierung mit Copilot umfasst typischerweise diese Schritte:

1. **Daten bereitstellen**: Kopieren Sie Ihre Daten in die Zwischenablage oder verweisen Sie auf eine Excel-Datei

2. **Visualisierungsprompt formulieren**: Beschreiben Sie, was Sie visualisieren möchten

3. **Ergebnisse evaluieren**: Prüfen Sie die generierten Diagramme auf Klarheit und Aussagekraft

4. **Verfeinerungen anfordern**: Geben Sie spezifisches Feedback für Anpassungen

Ein besonders effektiver Ansatz ist der "Story First"-Prompt, bei dem Sie zunächst die Geschichte oder Botschaft definieren, die Ihre Daten erzählen sollen. Anstatt zu sagen "Visualisiere diese Verkaufszahlen", formulieren Sie: "Erstelle ein Diagramm, das zeigt, wie sich unser Marktanteil im Vergleich zum Wettbewerb über die letzten vier Quartale entwickelt hat, mit Fokus auf unser starkes Wachstum im Premium-Segment."

Meine Erfahrung zeigt: Je klarer Sie Ihre Intention kommunizieren, desto treffender sind die Visualisierungen, die Copilot erzeugt. Ein Produktmanager drückte es so aus: "Ich sage Copilot nicht nur, welche Daten ich habe, sondern was mein Publikum daraus lernen soll. Das führt zu Diagrammen, die genau die richtige Geschichte erzählen."

Die Wahl des richtigen Diagrammtyps ist entscheidend für die Wirkung Ihrer Datenvisualisierung. Hier gilt die Faustregel: Der Diagrammtyp sollte zur Art der Datenbeziehung passen, die Sie darstellen möchten. Copilot kann Ihnen dabei helfen, die optimale Visualisierungsform zu finden, wenn Sie unsicher sind.

Eine Übersicht der häufigsten Diagrammtypen und ihre Anwendungsfälle:

- **Säulen- und Balkendiagramme**: Ideal für den Vergleich von Werten verschiedener Kategorien

- **Liniendiagramme**: Perfekt, um Trends und Entwicklungen über die Zeit darzustellen

- **Kreisdiagramme**: Geeignet, um Anteile am Ganzen zu visualisieren, aber nur bei wenigen Kategorien

- **Flächendiagramme**: Nützlich für die Darstellung kumulativer Trends über die Zeit

- **Streudiagramme**: Optimal, um Korrelationen zwischen zwei Variablen zu zeigen

- **Wasserfall-Diagramme**: Hilfreich zur Darstellung von sequentiellen Veränderungen, z.B. in Finanzzahlen

Ein Marketingdirektor aus meinem letzten Workshop erzählte: "Ich wusste nicht, dass ein Sankey-Diagramm perfekt ist, um zu zeigen, wie unsere Website-Besucher durch verschiedene Kanäle kommen und wo sie abspringen. Copilot hat mir das vorgeschlagen, und jetzt nutze ich es in all meinen Conversion-Reports."

Um Copilot bei der Visualisierung Ihrer Daten optimal zu nutzen, können Sie diese bewährten Prompt-Techniken anwenden:

1. **Vergleichende Analyse anfordern**: "Erstelle ein Diagramm, das unsere Verkaufszahlen für Produkt A und Produkt B über die letzten sechs Monate vergleicht und Unterschiede im saisonalen Verlauf hervorhebt."

2. **Muster und Ausreißer identifizieren**: "Visualisiere diese Kundenzufriedenheitsdaten so, dass außergewöhnliche Ausschläge sofort erkennbar sind. Hebe besonders positive oder negative Werte hervor."

3. **Multivariate Beziehungen darstellen**: "Erstelle eine Visualisierung, die den Zusammenhang zwischen Werbeausgaben, Websitebesuchen und tatsächlichen Verkäufen zeigt. Mache deutlich, welche Werbekanäle die höchste Konversionsrate haben."

4. **Prognosen und Trends visualisieren**: "Zeige die bisherige Umsatzentwicklung und projiziere den Trend für die nächsten zwei Quartale. Markiere den Punkt, an dem wir voraussichtlich die Gewinnzone erreichen."

Die psychologische Wirkung von Datenvisualisierungen sollte nicht unterschätzt werden. Farben, Proportionen und visuelle Hierarchien beeinflussen massiv, wie Ihre Botschaft aufgenommen wird. Ein Vertriebsleiter berichtete mir: "Als ich unsere Marktanteile von einem Kreisdiagramm in ein horizontales Balkendiagramm umwandelte, wirkte unser Wachstum plötzlich viel beeindruckender, obwohl die Zahlen identisch waren."

Copilot kann Ihnen helfen, diese psychologischen Aspekte zu berücksichtigen. Mit Prompts wie "Erstelle ein Diagramm, das unseren Marktanteil betont und unsere Position als aufstrebender Herausforderer visualisiert" geben Sie der KI nicht nur Dateninformationen, sondern auch den gewünschten Wirkungskontext.

Eine häufige Herausforderung bei der Datenvisualisierung ist die Balance zwischen Detailreichtum und Klarheit. Zu viele Informationen in einem Diagramm führen schnell zu Überforderung, während zu wenig Details die notwendige Tiefe vermissen lassen. Mit Copilot können Sie experimentieren:

"Erstelle zwei Versionen dieses Umsatzdiagramms: eine vereinfachte Version für die Einführung, die nur den Gesamttrend zeigt, und eine detailliertere Version für die anschließende Analyse, die alle Produktkategorien aufschlüsselt."

Die Integration externer Daten gehört zu den Stärken von Copilot M365. Wenn Sie beispielsweise Daten aus Excel in PowerPoint visualisieren möchten, formulieren Sie:

"Visualisiere die Daten aus der Excel-Tabelle 'Q2_Sales.xlsx', Blatt 'Regional_Analysis', Bereich A1:F23, als gestapeltes Säulendiagramm. Zeige die regionalen Verkäufe pro Produktkategorie und hebe die Region mit dem stärksten Wachstum hervor."

Ein Projektleiter aus der Automobilindustrie teilte mir mit: "Die Fähigkeit, direkt auf unsere Excel-Sheets zuzugreifen und daraus aussagekräftige Diagramme zu erstellen, spart mir mindestens zwei Stunden pro Woche. Ich muss nichts mehr kopieren oder manuell formatieren."

Die Beschriftung Ihrer Diagramme ist entscheidend für deren Verständlichkeit. Copilot kann Ihnen helfen, informative und präzise Labels zu erstellen. Ein effektiver Prompt wäre:

"Füge aussagekräftige Beschriftungen zu diesem Diagramm hinzu. Jede Säule soll den genauen Wert und die prozentuale Veränderung zum Vorquartal zeigen. Füge zudem eine klare Legende und einen informativen Titel hinzu, der die Haupterkenntnis zusammenfasst."

Eine Beraterin aus meinem Workshop berichtete: "Die automatisch generierten Diagrammtitel von Copilot sind brillant. Statt langweiliger Überschriften wie 'Umsatzentwicklung Q1-Q4' bekomme ich aussagekräftige Titel wie 'Kontinuierliches Umsatzwachstum trotz saisonaler Schwankungen', die bereits die Kernbotschaft vermitteln."

Im nächsten Abschnitt werden wir darauf aufbauen und uns damit beschäftigen, wie Sie Ihre Diagramme mit Copilot professionell gestalten und verfeinern können, um maximale Wirkung zu erzielen.

4.1.2 Diagramme mit Copilot anpassen und Professionell gestalten

Die erste Version eines Diagramms ist selten die beste. Selbst die intelligentesten KI-Vorschläge benötigen den menschlichen Feinschliff, um ihr volles Potenzial zu entfalten. In diesem Abschnitt zeige ich Ihnen, wie Sie Ihre bereits erstellten Diagramme mit Copilot M365 verfeinern und auf ein professionelles Niveau heben können. Diese Fähigkeit unterscheidet durchschnittliche von herausragenden Präsentationen und wird Ihre Datenvisualisierungen deutlich wirkungsvoller machen.

Der professionelle Feinschliff von Diagrammen folgt bestimmten Designprinzipien, die auch Copilot versteht und anwenden kann. Ein Projektleiter aus einem meiner Workshops berichtete: "Nachdem ich gelernt hatte, wie man Diagramme gezielt mit

Copilot optimiert, haben meine Präsentationen einen Qualitätssprung gemacht. Mein Chef fragte sogar, ob ich einen externen Designer beauftragt hätte."

Die gezielte Anpassung von Diagrammen mit Copilot umfasst mehrere Dimensionen, die wir nun systematisch erkunden werden. Im Kern geht es darum, Ihre Datenvisualisierung so zu verfeinern, dass sie Ihre zentrale Botschaft optimal transportiert und gleichzeitig visuell ansprechend wirkt.

Für die professionelle Diagrammgestaltung mit Copilot empfehle ich diese bewährte Vorgehensweise:

1. **Klarheit als oberstes Prinzip etablieren**

   - Bitten Sie Copilot, überflüssige Elemente zu entfernen, die nicht zur Kernbotschaft beitragen

   - Lassen Sie Beschriftungen und Datenelemente für bessere Lesbarkeit optimieren

   - Reduzieren Sie visuelle Komplexität auf das Wesentliche

2. **Farbsystem strategisch einsetzen**

   - Nutzen Sie Farben gezielt zur Hervorhebung wichtiger Datenpunkte

   - Wenden Sie konsistente Farbschemata an, die zur Corporate Identity passen

   - Implementieren Sie Farbkontraste für bessere Zugänglichkeit und Klarheit

3. Typografie und Beschriftung optimieren

- Sorgen Sie für klare, lesbare Beschriftungen in angemessener Größe

- Implementieren Sie aussagekräftige Titel, die die Kernbotschaft transportieren

- Fügen Sie Datenquellen und Erläuterungen hinzu, wo nötig

4. Datenpräzision und Kontext gewährleisten

- Passen Sie Skalen und Intervalle für ehrliche Datendarstellung an

- Ergänzen Sie Kontext durch Vergleichswerte oder Benchmarks

- Fügen Sie Trendlinien oder Projektionen hinzu, wo sinnvoll

Ein besonders effektiver Prompt für die Diagrammoptimierung könnte lauten: "Optimiere dieses Umsatzdiagramm für maximale Klarheit und professionelles Aussehen. Hebe den starken Anstieg im dritten Quartal visuell hervor, vereinfache die Achsenbeschriftungen und passe das Farbschema an unsere Corporate Identity (Blautöne) an. Der Titel sollte die Kernbotschaft 'Kontinuierliches Wachstum trotz Marktschwankungen' transportieren."

Die Farbgestaltung von Diagrammen folgt psychologischen Prinzipien, die Copilot für Sie umsetzen kann. Eine Marketing-Leiterin aus meinem letzten Workshop war begeistert: "Ich bat Copilot, ein Farbschema zu erstellen, das positive

Entwicklungen in unserer Markenfarbe und Herausforderungen in dezenten Grautönen darstellt. Das subtile Framing hat die Wahrnehmung unserer Daten komplett verändert, ohne die Fakten zu verzerren."

Typische Farbkonventionen, die Sie mit Copilot umsetzen können:

- **Kontrastierende Farben für Vergleiche** zwischen Kategorien oder Zeiträumen

- **Farbgradienten für kontinuierliche Daten** wie zeitliche Entwicklungen

- **Zurückhaltende Farben für Hintergrundelemente** und lebhafte Farben für Schlüsseldaten

- **Kulturell angemessene Farbcodes** (z.B. Grün für positiv, Rot für negativ in westlichen Kontexten)

Die Integration Ihrer Corporate Identity in Diagramme schafft visuelle Kohärenz. Mit diesem Prompt gelingt es mühelos: "Passe die Farben dieses Diagramms an unsere CI an. Primärfarbe ist #003366, Sekundärfarben sind #A7C6D9 und #E1EBF2. Wichtige Datenpunkte sollten in der Primärfarbe erscheinen, Vergleichswerte in den Sekundärfarben."

Die typografische Gestaltung wird oft unterschätzt, ist aber entscheidend für die Wirkung eines Diagramms. Ein CFO berichtete mir: "Nachdem Copilot unsere Diagrammbeschriftungen optimiert hatte, konnten selbst die Teilnehmer in den hinteren Reihen bei Präsentationen alle Informationen mühelos erfassen. Diese kleine Änderung hat den Impact unserer Quartalsberichte deutlich erhöht."

Für die typografische Optimierung eignet sich dieser Prompt: "Verbessere die Lesbarkeit aller Textelemente in diesem

Diagramm. Die Überschrift sollte deutlich größer sein als die Achsenbeschriftungen, Datenpunktlabels kontrastreich und gut lesbar. Verwende unsere Unternehmensschriftart Calibri und sorge für konsistente Größenverhältnisse."

Die visuelle Hierarchie in Diagrammen lenkt den Blick des Betrachters und betont die wichtigsten Informationen. Copilot kann Ihnen helfen, diese Hierarchie gezielt zu etablieren:

- **Größenunterschiede** nutzen, um wichtige Daten hervorzuheben

- **Positionierung** strategisch einsetzen (zentral = wichtig)

- **Rahmung und Eingrenzung** für Fokussierung verwenden

- **Kontraste** für Aufmerksamkeitslenkung implementieren

Ein Designer aus meinem Workshop teilte seine Erfahrung: "Mit Copilot konnte ich endlich auch komplexe Hierarchien in unseren Datenvisualisierungen umsetzen. Das System versteht intuitiv, wie man den Blick des Betrachters durch visuelle Gewichtung lenkt."

Die Achsengestaltung beeinflusst maßgeblich, wie Ihre Daten wahrgenommen werden. Mit diesem Prompt können Sie Achsen optimal anpassen: "Optimiere die Y-Achse dieses Diagramms so, dass der Trend deutlich sichtbar wird, ohne die Daten zu verzerren. Beginne bei Null, um eine ehrliche Darstellung zu gewährleisten, und wähle sinnvolle Intervalle für maximale Klarheit."

Für die Anpassung spezieller Diagrammtypen bietet Copilot maßgeschneiderte Unterstützung:

1. **Säulen- und Balkendiagramme verbessern**

- Abstände zwischen Säulen optimieren für bessere Lesbarkeit

- 3D-Effekte entfernen, die Daten verzerren könnten

- Datenbeschriftungen strategisch platzieren

2. **Liniendiagramme verfeinern**

- Liniendicke und Stil für optimale Sichtbarkeit anpassen

- Datenpunkte gezielt markieren oder weglassen

- Hintergrundlinien reduzieren oder verstärken

3. **Kreisdiagramme professionalisieren**

- Segment-Beschriftungen optimal positionieren

- Maximale Anzahl von Segmenten begrenzen (idealerweise 5-7)

- Kleinere Kategorien sinnvoll zusammenfassen

4. **Fortgeschrittene Diagrammtypen optimieren**

- Sankey-Diagramme für Flussvisualisierungen verfeinern

- Radar-Charts für Mehrfachvergleiche anpassen

- Treemap-Diagramme für hierarchische Daten verbessern

Eine Finanzanalystin berichtete begeistert: "Ich experimentiere jetzt viel mehr mit verschiedenen Diagrammtypen, seit ich Copilot habe. Die KI hilft mir nicht nur bei der Erstellung, sondern auch bei der professionellen Anpassung selbst exotischer Visualisierungsformen wie Waterfall-Charts oder Heatmaps."

Die Animation von Diagrammen kann deren Wirkung erheblich steigern, wenn sie gezielt eingesetzt wird. Mit diesem Prompt erhalten Sie passende Animationsvorschläge: "Schlage subtile, professionelle Animationen für dieses Umsatzdiagramm vor, die das sequentielle Wachstum über vier Quartale verdeutlichen. Die Animationen sollten den Fokus auf die Datenwerte lenken, nicht ablenken."

Ein häufiges Problem bei Diagrammen ist die Überfrachtung mit Details. Copilot kann Ihnen helfen, Ihre Visualisierungen zu vereinfachen und trotzdem informativer zu machen. Ein Unternehmensberater teilte mir mit: "Früher habe ich versucht, alle verfügbaren Daten in ein Diagramm zu packen. Mit Copilot habe ich gelernt, zu vereinfachen und zu fokussieren. Meine Kunden verstehen jetzt meine Kernbotschaft sofort."

Dieser Prompt hilft bei der Vereinfachung: "Vereinfache dieses komplexe Diagramm, indem du unwichtige Datenreihen entfernst oder zusammenfasst. Behalte nur die Elemente, die zur Kernaussage 'Steigendes Kundenengagement führt zu höherem Umsatz' beitragen. Füge eine prägnante Legende hinzu."

Die Integration von Mikro-Narrativen in Ihre Diagramme verleiht ihnen zusätzliche Überzeugungskraft. Anstatt nur nackte Daten zu präsentieren, erzählen Sie eine Geschichte. Copilot kann Ihnen helfen, diese narrativen Elemente zu entwickeln und in Ihre Visualisierung zu integrieren.

Für narrative Diagrammelemente eignet sich dieser Prompt: "Ergänze dieses Diagramm um kurze narrative Elemente, die die drei Schlüsselerkenntnisse hervorheben: den unerwarteten

Einbruch im April, die schnelle Erholung im Mai und den Rekordwert im Juni. Die Beschriftungen sollten knapp und prägnant sein."

Der Einsatz von Icons und symbolischen Elementen kann die Aussagekraft Ihrer Diagramme verstärken. Eine Produktmanagerin berichtete: "Durch die Integration kleiner Icons, die Copilot vorgeschlagen hat, wurden meine Diagramme nicht nur ansprechender, sondern auch viel verständlicher. Die visuellen Anker helfen meinem Publikum, sich die Daten besser zu merken."

Für die Integration symbolischer Elemente nutzen Sie diesen Prompt: "Schlage passende Icons oder visuelle Symbole vor, die die Hauptkategorien in meinem Diagramm (Produktentwicklung, Marketing, Vertrieb, Kundensupport) visuell unterstützen. Die Symbole sollten minimalistisch und in unserem Corporate Design sein."

Die barrierefreie Gestaltung von Diagrammen ist nicht nur eine ethische Verantwortung, sondern verbessert die Verständlichkeit für alle. Mit Copilot können Sie sicherstellen, dass Ihre Visualisierungen inklusiv gestaltet sind:

- **Farben mit ausreichendem Kontrast** wählen (auch für Menschen mit Farbfehlsichtigkeit)

- **Alternative Textbeschreibungen** für Bildschirmleseprogramme hinzufügen

- **Musterunterschiede zusätzlich zu Farbunterschieden** verwenden

- **Klare Beschriftungen** direkt bei den Datenelementen platzieren

Ein IT-Leiter aus meinem Workshop teilte seine Erfahrung: "Die barrierefreie Gestaltung unserer Diagramme war früher ein mühsamer Prozess. Mit Copilot kann ich nun mit einem einfachen Prompt inklusive Visualisierungen erstellen, die für alle Mitarbeiter zugänglich sind."

Die kontinuierliche Verfeinerung Ihrer Diagramme wird mit Copilot zum kreativen Dialog. Sie können verschiedene Versionen testen und vergleichen, bis Sie die optimale Darstellung gefunden haben. Ein Produktmanager beschrieb diesen Prozess so: "Ich bitte Copilot jetzt immer um drei verschiedene Varianten derselben Datenvisualisierung. Diese visuelle Exploration hat mein Verständnis dafür, wie Daten am besten kommuniziert werden können, enorm verbessert."

Im nächsten Abschnitt werden wir uns damit beschäftigen, wie Sie mit Copilot fesselndes Storytelling entwickeln können, um Ihre nun perfekt gestalteten Diagramme in eine überzeugende Narrative einzubetten. Die Kombination aus datengestützter Visualisierung und packender Geschichte ist das Erfolgsrezept für Präsentationen, die wirklich im Gedächtnis bleiben.

4.2 Fesselndes Storytelling entwickeln: Copilot als Narrativ-Coach

4.2.1 Ihre Präsentation dramaturgisch mit KI-Hilfe aufbauen

Zahlen und Fakten allein reißen niemanden vom Hocker. Selbst die beeindruckendsten Daten brauchen einen dramaturgischen Rahmen, um wirklich zu überzeugen. In meinen Workshops erlebe ich regelmäßig den magischen Moment, wenn Teilnehmer erkennen, dass ihre Präsentationen nicht nur Informationsträger sind, sondern Geschichten, die bewegen, überzeugen und im Gedächtnis bleiben. Mit Copilot M365 als Ihrem virtuellen Dramaturgen wird dieser Sprung von der Information zur Inspiration so einfach wie nie zuvor.

Die menschliche Psyche ist auf Geschichten programmiert. Wir denken, fühlen und erinnern uns in narrativen Strukturen. Diese evolutionäre Veranlagung können Sie mit Copilot strategisch nutzen, um Präsentationen zu schaffen, die nicht nur verstanden, sondern gefühlt werden. Ein Finanzanalyst aus meinem letzten Workshop beschrieb seine Erkenntnis so: "Früher habe ich Quartalsberichte als Zahlenkolonnen präsentiert. Mit einem dramaturgischen Aufbau erzähle ich jetzt die Geschichte hinter den Zahlen, und plötzlich bleiben alle wach!"

Der dramaturgische Aufbau einer Präsentation folgt klassischen Erzählstrukturen, die seit Jahrhunderten funktionieren. Mit Copilot können Sie diese bewährten Muster mühelos auf Ihre spezifischen Inhalte anwenden. Die grundlegenden dramaturgischen Elemente einer überzeugenden Präsentation sind:

- **Der Aufhänger**: Ein starker, aufmerksamkeitserregender Einstieg, der Ihr Publikum sofort packt

- **Die Ausgangssituation**: Eine klare Darstellung des Status quo oder Problems

- **Der Konflikt/Die Herausforderung**: Die Spannung oder Hürde, die überwunden werden muss

- **Die Reise/Entwicklung**: Der Weg zur Lösung mit Höhen und Tiefen

- **Der Höhepunkt**: Die zentrale Erkenntnis oder Lösung

- **Die Auflösung**: Die praktischen Konsequenzen und nächsten Schritte

Um diese dramaturgische Struktur mit Copilot umzusetzen, beginnen Sie mit einem klaren Prompt, der Ihre Absicht vermittelt: "Entwickle eine dramaturgische Struktur für meine Präsentation zum Thema [Ihr Thema], die dem klassischen Spannungsbogen folgt und [Ihr Ziel] erreicht. Die Zielgruppe ist [Ihre Zielgruppe]."

Eine Produktmanagerin teilte mir begeistert mit: "Als ich Copilot bat, meine Produkteinführung als Heldenreise zu strukturieren, erhielt ich ein Gerüst, das meine technischen Daten in eine spannende Geschichte verwandelte. Die Kunden waren so gefesselt, dass niemand auf sein Smartphone schaute!"

Die Wahl des passenden dramaturgischen Modells hängt von Ihrem spezifischen Präsentationsziel ab. Mit Copilot können Sie verschiedene narrative Strukturen erkunden und die passendste auswählen. Hier sind die wirkungsvollsten Modelle und wie Sie Copilot dafür einsetzen:

1. **Die Heldenreise für transformative Präsentationen**

- Ideal für: Veränderungsprojekte, disruptive Innovationen, Visionen

- Copilot-Prompt: "Strukturiere meine Präsentation nach dem Muster der Heldenreise, wobei [Zielgruppe/Kunde] der Held ist, der [Herausforderung] gegenübersteht und durch [Ihre Lösung] transformiert wird."

- Dramaturgischer Fluss: Gewohnte Welt → Ruf zum Abenteuer → Widerstand → Mentoren und Helfer → Prüfungen → Entscheidende Krise → Durchbruch → Transformation → Rückkehr mit neuer Perspektive

2. **Problem-Lösung-Struktur für praktische Anwendungen**

- Ideal für: Produktpräsentationen, Dienstleistungsangebote, Projektvorschläge

- Copilot-Prompt: "Erstelle einen dramaturgischen Aufbau nach dem Problem-Lösung-Modell für meine Präsentation über [Thema], wobei das Problem klar definiert und emotional verankert wird, bevor unsere Lösung als logische Konsequenz erscheint."

- Dramaturgischer Fluss: Problem veranschaulichen → Kosten des Problems verdeutlichen → Bisherige Lösungsversuche und deren Mängel → Ihre innovative Lösung → Umsetzbarkeit beweisen → Vorteilsdarstellung → Handlungsaufforderung

3. **Das Spannungsmodell für überzeugende Argumentationen**

- Ideal für: Strategiepräsentationen, Investitionsvorschläge, Change-Management

- Copilot-Prompt: "Baue meine Präsentation zum Thema [Thema] nach dem Spannungsmodell auf, das mit einer provokanten These beginnt, Gegenpositionen beleuchtet und in einer überzeugenden Synthese mündet."

- Dramaturgischer Fluss: Provokante These → Spannungsaufbau durch Gegenpositionen → Dialektische Auseinandersetzung → Wendepunkt → Synthese → Neue Perspektive

Ein Unternehmensberater aus meinem Workshop berichtete: "Die Spannungsstruktur hat meine Strategiepräsentationen revolutioniert. Indem ich bewusst Gegenargumente adressiere, nehme ich meinem Publikum den Wind aus den Segeln und gewinne Vertrauen. Copilot hilft mir, diese komplexe Struktur mühelos umzusetzen."

Die Kraft einer gut strukturierten Erzählung liegt in den emotionalen Ankern, die Sie setzen. Copilot kann Ihnen helfen, diese gezielt in Ihre Präsentation einzubauen:

- **Emotionaler Einstieg**: Bitten Sie Copilot um einen packenden Opener, der eine persönliche Geschichte, ein überraschendes Faktum oder ein provokantes Szenario enthält.

- **Identifikationsfiguren**: Lassen Sie Copilot Personas oder Charaktere entwickeln, die Ihr Publikum repräsentieren und deren Reise durch Ihr Thema führt.

- **Konfliktpunkte**: Nutzen Sie Copilot, um die zentralen Spannungen oder Herausforderungen dramaturgisch zu verstärken.

- **Wendepunkte**: Bitten Sie Copilot um überraschende Wendungen oder Perspektivwechsel, die Ihr Publikum neu engagieren.

Eine Marketing-Direktorin teilte mir ihre Erfahrung mit: "Ich bat Copilot, einen emotionalen Einstieg für meine Präsentation über Kundenbindung zu entwickeln. Das Ergebnis war eine kurze, berührende Geschichte über einen loyalen Kunden, die sofort Empathie weckte und den perfekten Rahmen für meine Daten schuf."

Die Integration Ihrer Daten und Fakten in die dramaturgische Struktur ist entscheidend für eine überzeugende Präsentation. Copilot kann Ihnen helfen, Ihre analytischen Inhalte in narrative Elemente zu verwandeln:

- **Daten als Plotpunkte**: "Wandle diese Statistiken in dramaturgische Wendepunkte um, die den Spannungsbogen meiner Präsentation unterstützen."

- **Zahlen mit Bedeutung aufladen**: "Verbinde diese Kennzahlen mit emotionalen Konsequenzen, um ihre Bedeutung für unser Publikum greifbar zu machen."

- **Fakten in Geschichten verpacken**: "Entwickle kurze Anekdoten oder Szenarien, die diese technischen Daten in einem menschlichen Kontext darstellen."

Ein Produktentwickler beschrieb seinen Aha-Moment: "Als ich Copilot bat, unsere Nutzerdaten in eine 'Customer Journey' umzuwandeln, entstand eine fesselnde Geschichte mit unseren eigenen Kunden als Protagonisten. Die Management-Präsentation verwandelte sich von einer trockenen Datenanalyse in ein emotionales Erlebnis."

Die Visualisierung Ihrer dramaturgischen Struktur unterstützt nicht nur Ihr Publikum, sondern auch Sie als Präsentierenden. Copilot kann Ihnen helfen, Ihre narrative Struktur sichtbar zu machen:

- **Visuelle Reise-Metaphern**: "Erstelle eine visuelle Darstellung unserer Kundenreise als Bergbesteigung, mit Herausforderungen als Hindernissen und unserer Lösung als Gipfelerfolg."

- **Dramaturgische Fortschrittsanzeigen**: "Entwickle eine visuelle Navigation, die den Verlauf unserer Geschichte durch die Präsentation hinweg zeigt."

- **Emotionale Farbcodierung**: "Schlage ein Farbschema vor, das die emotionalen Phasen unserer Präsentation widerspiegelt, von der Problemdarstellung bis zur Lösung."

Die Überbrückung verschiedener Teile Ihrer Präsentation mit narrativen Elementen schafft Kohärenz und Fluss. Copilot kann Ihnen helfen, nahtlose Übergänge zu entwickeln:

- **Narrative Brücken**: "Formuliere Übergänge zwischen diesen Abschnitten, die den roten Faden unserer Geschichte fortführen."

- **Spannungserhalter**: "Entwickle Überleitungssätze, die am Ende jedes Abschnitts Neugier auf den nächsten wecken."

- **Callback-Elemente**: "Erstelle Verbindungen zwischen frühen und späten Teilen der Präsentation, die unsere

Geschichte abrunden."

Eine Vertriebsleiterin aus der Pharmaindustrie berichtete: "Die narrativen Übergänge, die Copilot für meine Produktpräsentation entwickelt hat, haben aus einzelnen Informationsblöcken eine zusammenhängende Geschichte gemacht. Das Feedback war überwältigend positiv."

Die Anpassung Ihrer dramaturgischen Struktur an verschiedene Zeitrahmen ist eine weitere Stärke von Copilot. Wenn sich Ihre Präsentationszeit ändert, können Sie schnell reagieren:

- **Für Kürzungen**: "Verdichte diese 30-minütige dramaturgische Struktur auf 15 Minuten, ohne die narrativen Schlüsselelemente zu verlieren."

- **Für Erweiterungen**: "Erweitere diese Grundstruktur auf 45 Minuten, indem du tiefere Charakterentwicklungen und detailliertere Szenarien einfügst."

Die Personalisierung Ihrer dramaturgischen Struktur für spezifische Zielgruppen erhöht deren Wirksamkeit erheblich. Mit Copilot können Sie Ihre Erzählung gezielt anpassen:

- **Für Entscheider**: "Passe diese narrative Struktur für ein C-Level-Publikum an, das Wert auf strategische Implikationen und ROI legt."

- **Für technische Experten**: "Modifiziere den dramaturgischen Aufbau für ein technisches Publikum, das detaillierte Funktionalitäten in einen größeren Kontext einordnen möchte."

- **Für diverse Gruppen**: "Entwickle eine inklusive Erzählstruktur, die verschiedene Perspektiven und

Hintergründe berücksichtigt."

Ein CFO teilte mir seine Erfahrung mit: "Als ich eine Finanzpräsentation für den Vorstand halten musste, bat ich Copilot, meine Daten in eine 'Entdeckungsreise' umzustrukturieren. Das Ergebnis war eine packende Geschichte über unser Unternehmen, die selbst trockene Bilanzzahlen spannend machte."

Die Kunst des dramaturgischen Aufbaus liegt letztlich in der Balance zwischen Struktur und Authentizität. Copilot liefert das Gerüst, aber Ihre persönliche Note macht die Präsentation einzigartig. Ich ermutige meine Workshop-Teilnehmer immer, die Vorschläge von Copilot als Ausgangspunkt zu betrachten und dann ihre eigene Stimme und Erfahrung einzubringen.

Ein CEO beschrieb diesen Prozess so: "Copilot gab mir eine brillante Struktur für meine Jahresansprache, aber erst als ich meine eigenen Erlebnisse und Überzeugungen einflocht, wurde die Präsentation wirklich kraftvoll. Die KI ist ein wunderbares Werkzeug, aber die menschliche Komponente bleibt unersetzlich."

Im nächsten Abschnitt werden wir uns damit beschäftigen, wie Sie mit Copilot die Übergänge und Kernbotschaften Ihrer Präsentation stärken können, um Ihre nun dramaturgisch strukturierte Geschichte noch wirkungsvoller zu gestalten.

4.2.2 ÜBERGÄNGE UND KERNBOTSCHAFTEN DURCH COPILOT STÄRKEN

Das Geheimnis wirklich überzeugender Präsentationen liegt oft in den Details, die viele übersehen. Während eine dramaturgische Struktur das Grundgerüst bildet, sind es die Übergänge und Kernbotschaften, die Ihre Präsentation von gut zu außergewöhnlich machen. Diese verbindenden Elemente schaffen Kohärenz, lenken die Aufmerksamkeit und verankern Ihre zentralen Aussagen im Gedächtnis Ihres Publikums. Mit Copilot M365 als Ihrem kreativen Partner können Sie genau diese entscheidenden Elemente mühelos optimieren.

In meinen Workshops erlebe ich immer wieder, wie überrascht die Teilnehmer sind, wenn ich ihnen zeige, wie viel Wirkung sie allein durch sorgfältig gestaltete Übergänge erzielen können. Ein Vertriebsleiter aus der Pharmaindustrie gestand mir: "Ich habe jahrelang gedacht, gute Folien seien alles. Jetzt verstehe ich, dass die Verbindungen zwischen ihnen mindestens genauso wichtig sind." Diese Erkenntnis markiert oft den Wendepunkt von mittelmäßigen zu wirklich packenden Präsentationen.

Übergänge in Präsentationen erfüllen mehrere zentrale Funktionen, die Copilot gezielt unterstützen kann:

- **Nahtlose Gedankenführung**: Sie leiten Ihr Publikum sanft von einem Konzept zum nächsten.

- **Spannungsaufbau**: Sie halten die Neugier aufrecht und schaffen Vorfreude auf das Kommende.

- **Kohärenzstiftung**: Sie verdeutlichen die logischen Zusammenhänge zwischen verschiedenen Teilen.

- **Aufmerksamkeitslenkung**: Sie signalisieren Themenwechsel und bereiten mental auf neue Inhalte vor.

- **Rhythmische Strukturierung**: Sie geben Ihrer Präsentation einen angenehmen Fluss und Takt.

Um wirkungsvolle Übergänge mit Copilot zu erstellen, empfehle ich folgende Vorgehensweise:

1. Bestandsaufnahme der Folienthemen

- Identifizieren Sie die Hauptthemen jeder Folie

- Notieren Sie die logischen Verbindungen zwischen aufeinanderfolgenden Folien

- Markieren Sie Stellen, an denen thematische Sprünge auftreten

2. Übergangsstrategie wählen

- Entscheiden Sie, ob der Übergang sanft fließend oder bewusst kontrastierend sein soll

- Wählen Sie zwischen verbalen, visuellen oder kombinierten Übergangstechniken

- Berücksichtigen Sie den emotionalen Spannungsbogen Ihrer Gesamterzählung

3. Copilot gezielt einsetzen

- Formulieren Sie präzise Anweisungen für die Art des gewünschten Übergangs

- Geben Sie Kontext zu den verbundenen Folien

- Definieren Sie den gewünschten Tonfall und Stil

Eine Marketing-Managerin aus meinem letzten Workshop war begeistert: "Mit den von Copilot generierten Übergängen wirkt meine Produktpräsentation jetzt wie aus einem Guss. Die Zuschauer folgen der Geschichte, statt einzelne Informationsblöcke zu sehen."

Für verbale Übergänge zwischen Folien bietet Copilot M365 verschiedene wirkungsvolle Techniken, die Sie durch gezielte Prompts aktivieren können:

- **Metaphorische Brücken**: "Erstelle einen Übergang zwischen der Folie zur Marktanalyse und unserer Produktstrategie, der eine Fluss-Metapher verwendet, um den natürlichen Entwicklungsprozess zu verdeutlichen."

- **Rhetorische Fragen**: "Formuliere eine fesselnde rhetorische Frage, die von unserer Herausforderungs-Folie zur Lösungs-Folie überleitet und Neugierde weckt."

- **Storytelling-Verknüpfungen**: "Entwickle einen narrativen Übergang, der unsere Kundin Sarah von ihrem Problem (Folie 3) zu ihrer Begegnung mit unserer Lösung (Folie 4) begleitet."

- **Kontrastierende Statements**: "Erstelle einen Übergang, der den Kontrast zwischen den traditionellen Methoden und unserem innovativen Ansatz hervorhebt."

Ein Projektmanager berichtete mir: "Die metaphorischen Übergänge, die Copilot für meine technische Präsentation erstellt hat, machten das komplexe Thema plötzlich zugänglich. Mein Team konnte den roten Faden viel besser verfolgen."

Neben verbalen Übergängen spielen visuelle Verbindungselemente eine entscheidende Rolle für die Kohärenz Ihrer Präsentation. Copilot kann Ihnen helfen, diese visuellen Brücken zu gestalten:

- **Designkontinuität**: "Entwerfe ein visuelles Element, das in verschiedenen Variationen auf allen Produktfolien erscheint und so einen Wiedererkennungswert schafft."

- **Farbbasierte Progression**: "Entwickle ein Farbschema, das sich graduell über die Folien entwickelt und den Fortschritt unserer Argumentation visuell unterstützt."

- **Symbolische Verknüpfungen**: "Schlage wiederkehrende Symbole vor, die unsere vier Hauptpunkte visuell verbinden und durch die gesamte Präsentation führen."

Die Kunst der wirkungsvollen Übergänge liegt in ihrer Subtilität. Eine Unternehmensberaterin teilte mir ihre Erfahrung mit: "Früher waren meine Übergänge entweder nicht vorhanden oder zu offensichtlich. Mit Copilot finde ich jetzt genau die richtige Balance, sodass die Verbindungen natürlich wirken und trotzdem Struktur geben."

Kernbotschaften bilden das Herzstück jeder überzeugenden Präsentation. Sie sind die Aussagen, die Sie unbedingt im Gedächtnis Ihres Publikums verankern möchten. Mit Copilot können Sie diese zentralen Botschaften schärfen und strategisch platzieren. Hier gilt der Grundsatz: Weniger ist mehr. Konzentrieren Sie sich auf maximal drei bis fünf Kernbotschaften pro Präsentation.

Für die Entwicklung prägnanter Kernbotschaften empfehle ich diese Prompt-Strategien:

1. **Extraktion aus komplexen Inhalten**

    o "Destilliere aus diesem Abschnitt über unsere Marktforschung eine prägnante Kernbotschaft von maximal 15 Worten, die den wichtigsten Erkenntnisgewinn auf den Punkt bringt."

    o "Identifiziere die drei wichtigsten Einsichten aus diesen Daten und formuliere sie als klare, handlungsorientierte Kernaussagen."

2. **Verstärkung durch Parallelstrukturen**

   ○ "Formuliere meine drei Kernbotschaften so um, dass sie eine einheitliche syntaktische Struktur aufweisen und dadurch einprägsamer werden."

   ○ "Entwickle eine rhetorische Figur, die unsere Hauptargumente verbindet und als wiederkehrendes Element dienen kann."

3. **Emotionale Aufladung**

   ○ "Verleihe dieser Kernbotschaft mehr emotionale Tiefe, ohne ihre Prägnanz zu opfern."

   ○ "Formuliere unsere zentrale Wertproposition so, dass sie nicht nur informiert, sondern auch inspiriert und motiviert."

Ein Finanzberater aus meinem Workshop war begeistert: "Copilot hat meine nüchternen Finanzaussagen in einprägsame Kernbotschaften verwandelt, die selbst Nicht-Finanzexperten verstehen und sich merken können. Das hat den Unterschied gemacht."

Die strategische Platzierung Ihrer Kernbotschaften ist genauso wichtig wie ihre Formulierung. Copilot kann Ihnen helfen, den optimalen Rhythmus für Ihre zentralen Aussagen zu finden:

• **Primacy- und Recency-Effekt nutzen**: "Gestalte eine Einleitung, die unsere wichtigste Kernbotschaft bereits prägnant einführt, und einen Abschluss, der sie kraftvoll wiederholt und vertieft."

- **Visuelle Hervorhebung**: "Entwickle ein visuelles Gestaltungselement, das unsere Kernbotschaften auf jeder Folie hervorhebt und von anderen Informationen abhebt."

- **Mnemotechnische Hilfen**: "Kreiere ein einprägsames Akronym oder eine Alliteration, die unsere drei Hauptargumente zusammenfasst und leicht zu merken ist."

Die Wirkung gut platzierter Kernbotschaften kann dramatisch sein. Eine Vertriebsleiterin erzählte mir: "Seit ich mit Copilot an meinen Kernbotschaften arbeite und sie bewusst über die Präsentation verteile, höre ich in Kundengesprächen oft meine eigenen Formulierungen wieder. Das zeigt mir, dass die Botschaften wirklich hängenbleiben."

Die Integration von Übergängen und Kernbotschaften zu einem harmonischen Ganzen ist die Krönung Ihrer Präsentation. Copilot kann Ihnen helfen, diese Elemente in einem kohärenten Rhythmus zu orchestrieren:

- **Spannungsbogen gestalten**: "Entwickle einen Spannungsbogen, der unsere vier Kernbotschaften durch narrative Übergänge verbindet und auf einen überzeugenden Höhepunkt zusteuert."

- **Call-Backs einbauen**: "Erstelle Übergänge, die subtil auf frühere Kernbotschaften zurückgreifen und so die gesamte Präsentation verweben."

- **Crescendo-Struktur**: "Gestalte eine Sequenz von Übergängen, die progressiv intensiver werden und auf unsere wichtigste Kernbotschaft hinführen."

Ein technischer Leiter beschrieb seine Erfahrung so: "Der von Copilot entwickelte Rhythmus aus Kernbotschaften und verbindenden Elementen hat meine komplexe technische Präsentation zugänglich gemacht. Selbst Vorstandsmitglieder ohne technischen Hintergrund konnten den Argumentationsfluss nachvollziehen."

Die kulturelle Anpassungsfähigkeit Ihrer Übergänge und Kernbotschaften ist besonders bei internationalen Präsentationen entscheidend. Copilot kann Ihnen helfen, kulturell angemessene Verbindungselemente zu entwickeln:

"Passe diese Übergänge und Kernbotschaften für ein asiatisches Publikum an, mit besonderem Fokus auf indirekte Kommunikationsstile und kollektive statt individuelle Perspektiven."

Die Konsistenz im Ton und Stil über alle Übergänge und Kernbotschaften hinweg schafft ein professionelles, durchdachtes Gesamtbild. Mit Copilot können Sie diese Konsistenz mühelos sicherstellen:

"Prüfe alle Übergänge und Kernbotschaften auf stilistische Konsistenz und passe sie an einen prägnanten, lösungsorientierten Kommunikationsstil an."

Mein persönlicher Tipp für alle, die Copilot zur Stärkung ihrer Übergänge und Kernbotschaften nutzen: Weniger ist mehr. Bitten Sie die KI nicht um möglichst blumige oder komplexe Formulierungen, sondern um Klarheit, Prägnanz und emotionale Resonanz. Die besten Übergänge und Kernbotschaften wirken so natürlich, dass sie kaum als bewusste rhetorische Elemente wahrgenommen werden, sondern einfach den Fluss der Präsentation unterstützen.

Im nächsten Kapitel werden wir uns damit beschäftigen, wie Sie Ihre nun inhaltlich und strukturell optimierte Präsentation finalisieren und perfektionieren können, um einen bleibenden Eindruck zu hinterlassen. Die Kombination aus überzeugender Dramaturgie, starken Übergängen und einprägsamen Kernbotschaften bildet das Fundament für Präsentationen, die nicht nur informieren, sondern begeistern und zum Handeln motivieren.

5. FINALISIEREN UND BEEINDRUCKEN: DER LETZTE SCHLIFF FÜR NACHHALTIGEN ERFOLG

Die perfekte Präsentation entsteht nicht durch Zufall, sondern durch bewusste Verfeinerung. Sie haben Ihre Inhalte strukturiert, überzeugende Texte formuliert, ansprechende Visualisierungen erstellt und Ihre Geschichte kraftvoll aufgebaut. Nun folgt die entscheidende Phase, in der sich gute von herausragenden Präsentationen unterscheiden: die Finalisierung. In diesem Kapitel zeige ich Ihnen, wie Sie mit Copilot M365 den letzten Schliff an Ihrer Präsentation vornehmen und damit nachhaltigen Eindruck hinterlassen.

Die Finalisierungsphase wird oft unterschätzt oder in letzter Minute hastig durchgeführt. Ein Projektmanager gestand mir kürzlich: "Für die letzte Qualitätskontrolle bleibt mir meistens keine Zeit mehr. Ich drücke auf 'Speichern' und hoffe das Beste." Diese Herangehensweise kann selbst die brillantesten Inhalte sabotieren. Kleine Fehler, Inkonsistenzen oder übersehene Details hinterlassen beim Publikum einen unprofessionellen Eindruck, unabhängig davon, wie überzeugend Ihre Argumente sind.

Mit Copilot M365 als Ihrem virtuellen Qualitätsprüfer und Perfektionspartner können Sie diese kritische Phase nicht nur beschleunigen, sondern auch auf ein neues Niveau heben. Die KI unterstützt Sie dabei, Ihre Präsentation zu verfeinern, Fehler zu eliminieren und sicherzustellen, dass Ihre Botschaft optimal vermittelt wird.

Was erwartet Sie in diesem Kapitel? Wir werden gemeinsam durch den gesamten Finalisierungsprozess gehen, von der systematischen Qualitätskontrolle bis zur optimalen Vorbereitung auf den eigentlichen Vortrag. Sie werden lernen, wie Sie mit Copilot:

- Ihre Präsentation auf Konsistenz und Fehlerfreiheit prüfen

- Die Barrierefreiheit verbessern, um alle Zuschauer einzubeziehen

- Maßgeschneiderte Vortragsnotizen und Übungsmaterialien erstellen

- Die Kollaboration mit Ihrem Team und das Teilen Ihrer Präsentation optimieren

Eine Vertriebsleiterin aus der Pharmaindustrie teilte mir ihre Erfahrung mit: "Früher habe ich die Finalisierungsphase als notwendiges Übel betrachtet. Mit Copilot ist sie zu einem kreativen Prozess geworden, der meinen Präsentationen den entscheidenden Wettbewerbsvorteil verschafft." Diese Transformation der Finalisierungsphase von einer lästigen Pflicht zu einem wertschöpfenden Prozess ist genau das, was ich Ihnen in diesem Kapitel vermitteln möchte.

Die Qualitätssicherung einer Präsentation umfasst zahlreiche Aspekte, die systematisch betrachtet werden sollten. Zu den wichtigsten gehören:

1. **Inhaltliche Konsistenz**: Stimmen Botschaften, Tonfall und Argumentation über alle Folien hinweg überein?

2. **Sprachliche Korrektheit**: Sind Grammatik, Rechtschreibung und Zeichensetzung fehlerfrei?

3. **Visuelle Einheitlichkeit**: Folgen Design, Farbgebung und Bildsprache einem konsistenten Muster?

4. **Strukturelle Logik**: Ist der Aufbau schlüssig und der rote Faden erkennbar?

5. **Technische Funktionalität**: Funktionieren alle Links, Animationen und interaktiven Elemente wie vorgesehen?

Copilot M365 kann Ihnen bei all diesen Aspekten wertvolle Unterstützung bieten, indem es potenzielle Probleme identifiziert und Lösungsvorschläge unterbreitet. Ein Consultant aus der IT-Branche beschrieb mir seine Erfahrung so: "Früher habe ich stundenlang jede Folie einzeln geprüft. Jetzt scannt Copilot meine gesamte Präsentation in Sekundenschnelle und zeigt mir genau, wo ich nachbessern sollte."

Das Thema Barrierefreiheit gewinnt zunehmend an Bedeutung, wird aber bei der Präsentationserstellung oft vernachlässigt. Dabei geht es nicht nur um die Einhaltung von Vorschriften, sondern um die fundamentale Frage: Kann jeder im Publikum Ihre Botschaft vollständig erfassen? Barrieren können vielfältig sein:

- Farbkontraste, die für Menschen mit Sehschwächen schwer erkennbar sind

- Schriftgrößen, die bei bestimmten Sehbedingungen nicht lesbar sind

- Komplexe Diagramme ohne alternative Beschreibungen

- Videos ohne Untertitel oder Transkriptionen

- Navigationsstrukturen, die ohne Maus nicht bedienbar sind

Mit Copilot können Sie diese Barrieren systematisch identifizieren und beseitigen. Eine Personalentwicklerin berichtete mir: "Nachdem Copilot mir half, meine Schulungspräsentationen barrierefrei zu gestalten, erhielt ich erstmals positive Rückmeldungen von einem sehbehinderten Teilnehmer. Er konnte tatsächlich allem folgen!"

Die Vorbereitung auf den eigentlichen Vortrag ist ein weiterer entscheidender Aspekt der Finalisierungsphase. Eine perfekte Präsentation nützt wenig, wenn der Vortrag selbst nicht überzeugt. Copilot kann Ihnen helfen, Vortragsnotizen zu erstellen, die genau auf Ihren persönlichen Stil und die Anforderungen des Anlasses abgestimmt sind. Von minimalistischen Stichworten bis hin zu ausführlichen Sprechtext-Vorschlägen unterstützt die KI Sie bei der optimalen Vorbereitung.

Ein Finanzberater teilte mir seine Erfahrung mit: "Copilot generierte für mich Notizen, die meine natürliche Sprechweise perfekt ergänzten. Sie enthielten genau die richtigen Übergänge und Betonungen für meinen Vortragsstil. Das Publikum merkte nicht einmal, dass ich Notizen verwendete."

Die Kollaboration mit Kollegen und das effektive Teilen Ihrer Präsentation bilden den Abschluss des Finalisierungsprozesses. In der heutigen vernetzten Arbeitswelt ist eine Präsentation selten das Produkt einer einzelnen Person. Teams arbeiten gemeinsam an Inhalten, Führungskräfte möchten Feedback geben, externe Partner müssen einbezogen werden. Copilot M365 bietet zahlreiche Funktionen, um diese Zusammenarbeit zu optimieren und sicherzustellen, dass Ihre Präsentation effektiv geteilt werden kann.

Eine Marketingleiterin beschrieb mir ihren aha-Moment: "Als ich entdeckte, wie Copilot verschiedene Versionen meiner Präsentation für unterschiedliche Stakeholder erstellen kann, ohne dass ich jede manuell anpassen muss, änderte das unseren gesamten Go-to-Market-Prozess."

Der Finalisierungsprozess lässt sich in vier zentrale Phasen gliedern, die wir in diesem Kapitel ausführlich betrachten werden:

1. **Qualitätssicherung**: Systematische Prüfung und Optimierung aller inhaltlichen, sprachlichen und visuellen Elemente

2. **Barrierefreiheit**: Sicherstellung, dass Ihre Präsentation für alle zugänglich ist, unabhängig von individuellen Einschränkungen

3. **Vortragsvorbereitung**: Erstellung maßgeschneiderter Notizen und Übungsmaterialien für einen souveränen Auftritt

4. **Kollaboration und Sharing**: Optimierung der Zusammenarbeit im Team und effektives Teilen mit verschiedenen Zielgruppen

In jeder dieser Phasen bietet Copilot M365 spezifische Unterstützung, die wir im Detail erkunden werden. Sie werden praktische Beispiele, bewährte Prompts und effiziente Workflows kennenlernen, die Sie sofort in Ihren eigenen Präsentationsprozess integrieren können.

Die psychologische Dimension der Finalisierung sollte nicht unterschätzt werden. Das Wissen, dass Ihre Präsentation gründlich geprüft und optimiert wurde, verleiht Ihnen als Vortragendem eine enorme Sicherheit. Ein CEO aus dem Technologiesektor berichtete mir: "Seit ich Copilot für die Finalisierung meiner

Investorenpräsentationen nutze, betrete ich den Raum mit einem völlig anderen Selbstbewusstsein. Ich weiß, dass jedes Detail stimmt."

Diese Sicherheit überträgt sich auf Ihr Publikum. Zuschauer spüren, wenn ein Vortragender vollständig von seinem Material überzeugt ist, und sind eher geneigt, der Präsentation zu vertrauen. Der letzte Schliff wird so zu einem entscheidenden Erfolgsfaktor für die gesamte Präsentation.

Die Effizienzsteigerung durch Copilot in der Finalisierungsphase ist bemerkenswert. Eine Projektmanagerin teilte mir mit: "Was früher einen ganzen Tag in Anspruch nahm, erledige ich jetzt in einer Stunde. Und das Ergebnis ist deutlich besser als zuvor." Diese Zeitersparnis ermöglicht es Ihnen, mehr Ressourcen in die tatsächliche Vorbereitung des Vortrags zu investieren oder andere wichtige Aufgaben zu erledigen.

Die Nachhaltige Wirkung einer perfekt finalisierten Präsentation geht weit über den eigentlichen Vortrag hinaus. In vielen Fällen wird Ihre Präsentation weitergeleitet, geteilt oder als Referenz verwendet, oft ohne Ihre erläuternden Kommentare. Eine sorgfältig finalisierte Präsentation behält ihre Wirkung auch in diesen Kontexten bei und arbeitet weiter für Sie, lange nachdem Sie Ihren Vortrag beendet haben.

Ein Berater fasste es treffend zusammen: "Eine gute Präsentation liefert im Moment des Vortrags. Eine großartige Präsentation liefert weit darüber hinaus." Mit Copilot M365 haben Sie die Werkzeuge, um genau diese nachhaltige Wirkung zu erzielen.

In den folgenden Abschnitten werden wir jeden dieser Aspekte im Detail betrachten und Ihnen praktische Anleitungen geben, wie Sie mit Copilot den letzten Schliff an Ihren Präsentationen vornehmen können. Wir beginnen mit der systematischen Qualitätssicherung, dem Fundament jeder professionellen Präsentation.

Sind Sie bereit, Ihre Präsentationen von gut zu herausragend zu entwickeln? Dann lassen Sie uns eintauchen in die Welt der Präsentationsfinalisierung mit Copilot M365 als Ihrem strategischen Partner für nachhaltigen Erfolg.

5.1 Qualitätscheck und Optimierung: Präsentationen mit Copilot perfektionieren

5.1.1 Konsistenz und Fehlerfreiheit KI-gestützt sicherstellen

Die letzten Meter entscheiden über den Erfolg. Eine inhaltlich brillante Präsentation mit überzeugender Dramaturgie und ansprechender Visualisierung kann durch kleine Fehler und Inkonsistenzen ihre Wirkung verlieren. In meinen Workshops erlebe ich regelmäßig, wie selbst erfahrene Präsentatoren im hektischen Arbeitsalltag diese entscheidende Qualitätssicherungsphase vernachlässigen. Das Ergebnis: peinliche Tippfehler, inkonsistente Formatierungen oder logische Brüche, die den professionellen Eindruck trüben. Mit Copilot M365 wird diese Herausforderung zur Chance, Ihre Präsentation auf ein neues Level zu heben.

Der systematische Qualitätscheck einer Präsentation umfasst mehr als nur die Rechtschreibprüfung. Es geht um umfassende Konsistenz auf allen Ebenen: sprachlich, visuell, strukturell und inhaltlich. Früher war diese gründliche Prüfung zeitaufwendig und fehleranfällig, da sie von menschlicher Aufmerksamkeit und Konzentration abhing. Ein Finanzanalyst aus meinem letzten Workshop berichtete: "Ich hatte eine wichtige Investorenpräsentation vorbereitet und trotz mehrfachen Korrekturlesens einen Zahlendreher übersehen. Der Fehler fiel während des Vortrags auf und kostete mich Glaubwürdigkeit. Mit Copilot wäre das nicht passiert."

Die KI-gestützte Qualitätssicherung mit Copilot M365 transformiert diesen Prozess grundlegend. Sie ermöglicht nicht nur eine systematischere und gründlichere Prüfung, sondern spart auch wertvolle Zeit, die Sie in die Vorbereitung Ihres Vortrags investieren können. Ein Produktmanager teilte mir mit: "Was früher einen ganzen Nachmittag in Anspruch nahm, erledige ich jetzt in 20 Minuten mit besseren Ergebnissen."

Zur umfassenden Qualitätssicherung mit Copilot gehören diese vier zentralen Dimensionen:

1. **Sprachliche Konsistenz**

   ○ Einheitliche Terminologie in der gesamten Präsentation

   ○ Konsistenter Stil und Tonfall über alle Folien hinweg

   ○ Fehlerfreie Rechtschreibung, Grammatik und Zeichensetzung

2. **Visuelle Konsistenz**

   ○ Einheitliche Verwendung von Farben, Schriftarten und Designelementen

   ○ Konsistente Bildsprache und Grafikstile

   ○ Gleichmäßige Anordnung von Elementen auf allen Folien

3. **Strukturelle Konsistenz**

   ○ Logischer Aufbau und roter Faden durch die gesamte Präsentation

   ○ Ausgewogene Verteilung von Inhalten auf die Folien

- Einheitliche Folienübergänge und Animationen

4. **Inhaltliche Konsistenz**

- Widerspruchsfreie Argumente und Aussagen

- Korrekte und konsistente Fakten, Zahlen und Daten

- Lückenlose Argumentation von der Einleitung bis zum Schluss

Um diese Dimensionen mit Copilot M365 zu prüfen und zu optimieren, empfehle ich eine systematische Vorgehensweise in drei Schritten:

1. **Umfassender Qualitätscheck**

- Starten Sie den Prozess mit einem allgemeinen Qualitätscheck

- Bitten Sie Copilot um eine ganzheitliche Analyse Ihrer Präsentation

- Lassen Sie potenzielle Problembereiche identifizieren

2. **Gezielte Verbesserungen**

- Adressieren Sie die identifizierten Schwachstellen systematisch

- Nutzen Sie spezifische Prompts für verschiedene Konsistenzebenen

- Prüfen Sie die Umsetzung der Vorschläge kritisch

3. **Finale Überprüfung**

- Durchlaufen Sie eine letzte Prüfschleife nach allen Änderungen

- Stellen Sie sicher, dass alle Probleme behoben wurden

- Verifizieren Sie die Gesamtkohärenz Ihrer Präsentation

Ein effektiver Prompt für den umfassenden Qualitätscheck könnte lauten: "Analysiere meine Präsentation auf sprachliche, visuelle, strukturelle und inhaltliche Konsistenz. Identifiziere Fehler, Inkonsistenzen oder logische Brüche und erstelle eine priorisierte Liste von Verbesserungsvorschlägen."

Die Ergebnisse eines solchen umfassenden Checks können überraschend sein. Eine Unternehmensberaterin berichtete mir: "Copilot entdeckte nicht nur die offensichtlichen Tippfehler, sondern auch subtile begriffliche Inkonsistenzen. Ich hatte in der ersten Hälfte der Präsentation von 'Kunden' gesprochen und später von 'Klienten'. Diese kleinen Unstimmigkeiten wären mir nie aufgefallen, aber sie stören den professionellen Eindruck."

Für die sprachliche Konsistenz bietet Copilot besonders wertvolle Unterstützung. Mit gezielten Prompts können Sie verschiedene Aspekte prüfen und optimieren:

- **Terminologiekonsistenz**: "Überprüfe die einheitliche Verwendung von Fachbegriffen in der gesamten Präsentation. Achte besonders auf [Kernbegriffe]."

- **Stilkonsistenz**: "Analysiere, ob der Schreibstil und Tonfall über alle Folien hinweg konsistent ist. Die Präsentation sollte durchgängig [gewünschten Stil beschreiben] sein."

- **Sprachliche Fehlerfreiheit**: "Identifiziere und korrigiere alle Rechtschreib-, Grammatik- und Zeichensetzungsfehler. Achte dabei besonders auf komplexe Fachbegriffe und Eigennamen."

Ein Finanzvorstand teilte mir seine Erfahrung mit: "In meinen Quartalspräsentationen verwende ich viele komplexe Finanzbegriffe. Copilot half mir, diese konsistent und korrekt über alle Folien hinweg zu verwenden. Das schafft Vertrauen bei meinem Publikum."

Die visuelle Konsistenz ist ein weiterer Bereich, in dem Copilot überraschend effektiv unterstützen kann. Ein Prompt wie "Überprüfe alle visuellen Elemente auf einheitliche Gestaltung. Achte auf konsistente Farben, Schriftarten, Schriftgrößen und Designelemente" liefert detaillierte Hinweise zu Inkonsistenzen, die dem bloßen Auge leicht entgehen.

Eine Marketingleiterin berichtete begeistert: "Copilot entdeckte, dass ich auf drei Folien in der Mitte meiner Präsentation unbemerkt eine leicht abweichende Blauschattierung verwendet hatte. Diese subtile Inkonsistenz hätte den Flow der Präsentation gestört. Die KI sieht wirklich Details, die ich übersehe."

Die strukturelle Konsistenz bildet das Rückgrat einer überzeugenden Präsentation. Mit diesem Prompt können Sie sie gezielt prüfen: "Analysiere den Aufbau meiner Präsentation auf strukturelle Konsistenz. Gibt es einen klaren roten Faden? Sind die Übergänge logisch? Ist die Informationsdichte auf allen Folien ausgewogen?"

Ein Projektleiter aus der Automobilindustrie erzählte mir: "Copilot machte mich darauf aufmerksam, dass der Detailgrad meiner Folien im Laufe der Präsentation stark variierte. Die ersten Folien waren sehr übersichtlich, während ich später zu viele Informationen auf einzelne Folien gepackt hatte. Diese Inkonsistenz hätte mein Publikum verwirrt."

Die inhaltliche Konsistenz betrifft die logische Stringenz Ihrer Argumentation und die Korrektheit Ihrer Fakten. Mit diesem Prompt können Sie sie sicherstellen: "Überprüfe meine Präsentation auf inhaltliche Widersprüche, inkonsistente Zahlen oder Daten und logische Brüche in der Argumentation."

Ein besonders nützliches Feature von Copilot ist die Fähigkeit, auf Inkonsistenzen zwischen verbalen und visuellen Elementen hinzuweisen. Eine Produktmanagerin teilte ihre Erfahrung: "Ich hatte in einem Textfeld von 'steigenden Verkaufszahlen' gesprochen, während das Diagramm daneben tatsächlich einen leichten Rückgang zeigte. Copilot entdeckte diesen Widerspruch und rettete mich vor einer peinlichen Situation in der Managementpräsentation."

Die technische Fehlerfreiheit sollte ebenfalls nicht vernachlässigt werden. Kopilot kann prüfen, ob alle Links funktionieren, alle eingebetteten Objekte korrekt angezeigt werden und alle Animationen wie gewünscht ablaufen. Ein IT-Leiter berichtete: "Ich hatte ein komplexes Diagramm aus Excel eingebunden, das auf manchen Geräten Darstellungsprobleme verursachte. Copilot schlug eine alternative Einbindungsmethode vor, die überall funktionierte."

Für Präsentationen mit zahlreichen Daten und Fakten ist die Überprüfung der inhaltlichen Korrektheit besonders wichtig. Mit diesem Prompt können Sie Copilot bitten, die Faktenprüfung zu unterstützen: "Überprüfe alle Fakten, Zahlen und Daten in meiner Präsentation auf Plausibilität und Konsistenz. Weise auf mögliche Fehler oder Unstimmigkeiten hin."

Ein Berater aus dem Gesundheitswesen erzählte mir: "In meiner Präsentation hatte ich versehentlich zwei verschiedene Statistiken zur gleichen Studie verwendet. Copilot erkannte diese Diskrepanz und half mir, die korrekten Zahlen konsistent darzustellen."

Die Optimierung der Lesbarkeit und Verständlichkeit ist ein weiterer Bereich, in dem Copilot wertvolle Dienste leistet. Mit diesem Prompt können Sie die Klarheit Ihrer Präsentation verbessern: "Analysiere meine Präsentation auf optimale Lesbarkeit. Identifiziere zu komplexe Sätze, Fachbegriffe ohne Erklärung oder zu textlastige Folien, die die Verständlichkeit beeinträchtigen könnten."

Der letzte Schritt im Qualitätssicherungsprozess ist die finale Überprüfung nach allen vorgenommenen Änderungen. Ein umfassender Prompt dafür könnte lauten: "Führe eine abschließende Prüfung meiner Präsentation durch. Stelle sicher, dass alle zuvor identifizierten Probleme behoben wurden und keine neuen Inkonsistenzen entstanden sind."

Die systematische Qualitätssicherung mit Copilot ist mehr als nur Fehlervermeidung. Sie ist eine strategische Investition in die professionelle Wirkung Ihrer Präsentation und damit in Ihren persönlichen Erfolg. Eine Vertriebsleiterin brachte es auf den Punkt: "Seit ich Copilot für die finale Qualitätsprüfung nutze, erhalte ich deutlich positiveres Feedback zu meinen Präsentationen. Meine Botschaften kommen klarer an, und ich werde als kompetenter wahrgenommen."

5.1.2 BARRIEREFREIHEIT IHRER PRÄSENTATION MIT COPILOT VERBESSERN

Inklusion ist mehr als ein Schlagwort, sie ist eine Notwendigkeit im modernen Geschäftsleben. Eine wirklich impactstarke Präsentation erreicht nicht nur einen Teil Ihres Publikums, sondern jeden einzelnen Zuhörer, unabhängig von individuellen Einschränkungen oder Bedürfnissen. In meinen Workshops erlebe ich regelmäßig, wie Barrierefreiheit als Nachgedanke behandelt wird, oft aus Unwissenheit oder Zeitdruck. Mit Copilot M365 können Sie diesen entscheidenden Aspekt mühelos in Ihre Präsentationsroutine integrieren und sicherstellen, dass Ihre Botschaft wirklich alle erreicht.

Barrierefreie Präsentationen sind kein Luxus, sondern ein Zeichen professioneller Exzellenz. Eine Studie der Microsoft Accessibility Research Group zeigt, dass über 15% aller Nutzer von digitalen Inhalten von verbesserten Zugänglichkeitsmerkmalen profitieren. Diese Zahl steigt noch deutlich, wenn man situative Einschränkungen wie schlechte Lichtverhältnisse oder Ablenkungen berücksichtigt. Ein IT-Leiter aus meinem letzten Workshop teilte seine Erfahrung: "Nachdem wir unsere Präsentationen barrierefrei gestaltet hatten, erhielten wir nicht nur positives Feedback von Kollegen mit Einschränkungen, sondern auch von allen anderen. Die Inhalte waren einfach klarer und leichter zu erfassen."

Die Optimierung für Barrierefreiheit umfasst verschiedene Dimensionen, die Copilot systematisch adressieren kann:

- **Visuelle Zugänglichkeit**: Kontraste, Schriftgrößen, Farbenblindheit-Kompatibilität

- **Auditive Unterstützung**: Textalternativen für auditive Inhalte, Untertitel

- **Strukturelle Klarheit**: Logische Folienreihenfolge, klare Hierarchien, konsistente Navigation

- **Kognitive Zugänglichkeit**: Einfache Sprache, angemessene Informationsdichte, visuelle Hilfen

- **Technische Kompatibilität**: Funktionalität mit Bildschirmleseprogrammen und anderen Hilfstechnologien

Mit Copilot können Sie diese Aspekte systematisch prüfen und optimieren, ohne selbst Experte für Barrierefreiheit sein zu müssen. Der Prozess beginnt mit einer umfassenden Analyse Ihrer bestehenden Präsentation. Ein effektiver Prompt dafür könnte lauten: "Prüfe meine Präsentation auf Barrierefreiheit. Identifiziere Probleme mit Kontrasten, fehlenden Alternativtexten, Folienstruktur oder anderen Zugänglichkeitsaspekten und schlage konkrete Verbesserungen vor."

Die Ergebnisse einer solchen Analyse können überraschend sein. Eine Marketingmanagerin berichtete mir: "Ich war überzeugt, dass meine Präsentationen bereits zugänglich waren. Copilot zeigte mir, dass bei 70% meiner Bilder Alternativtexte fehlten und meine Farbkontraste für Menschen mit Sehschwächen unzureichend waren. Die vorgeschlagenen Lösungen waren so einfach umzusetzen, dass ich mich fragte, warum ich das nicht schon immer getan hatte."

Die Verbesserung des Farbkontrasts ist ein zentraler Aspekt barrierefreier Präsentationen. Etwa 8% der männlichen Bevölkerung leiden unter einer Form von Farbenblindheit, was die Wahrnehmung Ihrer sorgfältig gestalteten Folien dramatisch beeinträchtigen kann. Mit diesem Prompt können Sie Copilot bitten, Ihre Farbgestaltung zu optimieren: "Analysiere die Farbkontraste in meiner Präsentation und passe sie so an, dass sie den WCAG 2.1 AA-Standards entsprechen, ohne das visuelle Erscheinungsbild wesentlich zu verändern."

Eine Produktmanagerin teilte ihre Erfahrung: "Nachdem Copilot die Farbkontraste optimiert hatte, erhielt ich zum ersten Mal positives Feedback von einem farbenblinden Kollegen. Er konnte nun alle Informationen in meinen Diagrammen problemlos erfassen, was vorher unmöglich war."

Die Integration von Alternativtexten für Bilder und Grafiken ist ein weiterer entscheidender Baustein für Barrierefreiheit. Diese Texte ermöglichen Menschen mit Sehbehinderungen, den Inhalt Ihrer visuellen Elemente zu erfassen. Statt generischer Beschreibungen benötigen Sie präzise, kontextrelevante Alternativtexte. Mit diesem Prompt unterstützt Sie Copilot dabei: "Erstelle aussagekräftige Alternativtexte für alle Bilder und Grafiken in meiner Präsentation. Berücksichtige dabei den Kontext jeder Folie und die Kernbotschaft, die das Bild vermitteln soll."

Ein IT-Berater war beeindruckt: "Die von Copilot generierten Alternativtexte waren bemerkenswert präzise und kontextbezogen. Sie beschrieben nicht einfach das Bild, sondern erklärten seine Bedeutung im Zusammenhang mit dem Folienthema."

Die Optimierung der Folienstruktur für bessere Zugänglichkeit ist ein Aspekt, den viele übersehen. Eine klare, logische Struktur mit definierten Überschriften und Abschnitten ist entscheidend für Nutzer von Bildschirmleseprogrammen. Mit diesem Prompt können Sie Copilot bitten, Ihre Struktur zu verbessern: "Überprüfe die Folienstruktur meiner Präsentation auf logische Hierarchie und Konsistenz. Stelle sicher, dass Überschriften korrekt formatiert sind und die Lesereihenfolge für Bildschirmleseprogramme sinnvoll ist."

Die Verwendung einfacher, verständlicher Sprache trägt wesentlich zur kognitiven Zugänglichkeit bei. Komplexe Sätze und Fachbegriffe können für Menschen mit kognitiven Einschränkungen, aber auch für nicht spezialisierte Zuhörer Barrieren darstellen. Mit Copilot können Sie Ihre Texte inklusiver gestalten: "Vereinfache die Sprache in meiner Präsentation, ohne wichtige Informationen zu verlieren. Erkläre Fachbegriffe und verkürze komplexe Sätze für bessere Verständlichkeit."

Eine Unternehmensberaterin berichtete: "Die sprachliche Vereinfachung durch Copilot machte meine technischen Präsentationen für ein breiteres Publikum zugänglich. Ich erhielt deutlich mehr konstruktives Feedback und weniger Verständnisfragen."

Das Hinzufügen von Untertiteln für Videos und Audioinhalte ist ein weiterer wichtiger Schritt zur Barrierefreiheit. Mit diesem Prompt unterstützt Copilot Sie dabei: "Erstelle präzise Untertitel für das eingebettete Video in meiner Präsentation. Achte auf korrekte Zeitsteuerung und verständliche Wiedergabe der gesprochenen Inhalte."

Die Überprüfung der Navigierbarkeit per Tastatur ist entscheidend für Menschen mit motorischen Einschränkungen. Viele Nutzer können keine Maus verwenden und navigieren ausschließlich mit der Tastatur durch Präsentationen. Copilot kann Ihnen helfen, diese Zugänglichkeit zu gewährleisten: "Prüfe meine Präsentation auf vollständige Tastaturnavigierbarkeit. Stelle sicher, dass alle interaktiven Elemente auch ohne Maus bedienbar sind und eine logische Tabulatorreihenfolge besteht."

Die Erstellung von barrierefreien Handouts als Begleitmaterial zu Ihrer Präsentation bietet zusätzliche Unterstützung. Copilot kann Ihnen dabei helfen: "Erstelle ein barrierefreies PDF-Handout aus meiner Präsentation mit optimierter Struktur, Lesezeichen und Alternativtexten."

Ein weiterer wichtiger Aspekt ist die Prüfung auf ausreichende Informationsdichte. Zu viel Information auf einer Folie kann für Menschen mit kognitiven Einschränkungen oder Aufmerksamkeitsdefiziten überwältigend sein. Mit diesem Prompt kann Copilot Ihnen helfen, die Balance zu finden: "Analysiere die Informationsdichte meiner Folien und schlage bei Bedarf eine Aufteilung vor, um die kognitive Belastung zu reduzieren, ohne wichtige Inhalte zu verlieren."

Die Barrierefreiheit sollte bereits in der Designphase Ihrer Präsentation berücksichtigt werden. Mit Copilot können Sie barrierefreie Designvorlagen entwickeln: "Erstelle eine barrierefreie Designvorlage für meine Präsentationen mit optimierten Kontrasten, zugänglichen Schriftarten und klaren Strukturen, die mit meiner Corporate Identity harmoniert."

Ein Finanzanalyst berichtete: "Die von Copilot erstellte barrierefreie Designvorlage hat uns so überzeugt, dass wir sie zum Unternehmensstandard gemacht haben. Sie sieht nicht nur professioneller aus, sondern erreicht wirklich jeden im Publikum."

Die Anpassung für internationale Zielgruppen ist ein weiterer Aspekt der Barrierefreiheit. Kulturelle Unterschiede können die Wahrnehmung von Farben, Symbolen und Metaphern beeinflussen. Copilot kann Ihnen helfen, Ihre Präsentation kulturell inklusiv zu gestalten: "Prüfe meine Präsentation auf kulturelle Inklusivität für ein internationales Publikum. Identifiziere kulturspezifische Elemente oder Metaphern, die missverständlich sein könnten, und schlage universellere Alternativen vor."

Die kontinuierliche Verbesserung Ihrer Barrierefreiheits-Praktiken ist ein Prozess, keine einmalige Aufgabe. Mit Copilot können Sie personalisierte Checklisten erstellen: "Entwickle eine personalisierte Barrierefreiheits-Checkliste basierend auf meinen typischen Präsentationen und den identifizierten Verbesserungsbereichen."

Mein Tipp für alle, die barrierefreie Präsentationen erstellen möchten: Betrachten Sie Barrierefreiheit nicht als zusätzliche Aufgabe, sondern als integralen Bestandteil Ihres Qualitätsstandards. Eine barrierefreie Präsentation ist nicht nur inklusiv, sondern auch professioneller, klarer und wirkungsvoller für alle Zuhörer. Mit Copilot M365 wird dieser Qualitätsstandard mühelos erreichbar.

Im nächsten Abschnitt werden wir uns damit beschäftigen, wie Sie mit Copilot optimal auf Ihren Vortrag vorbereitet werden, indem Sie maßgeschneiderte Notizen und Übungsmaterialien erstellen, die Ihre Präsentation zur vollen Entfaltung bringen.

5.2 Souverän Präsentieren und Teilen: Ihre Botschaft wirkungsvoll vermitteln

5.2.1 Vortragsnotizen und Übungsmaterialien mit Copilot generieren

Der Moment der Wahrheit rückt näher. Ihre Präsentation ist inhaltlich brillant, visuell ansprechend und strukturell durchdacht. Doch der eigentliche Vortrag steht noch bevor. Die besten Folien bleiben wirkungslos, wenn der mündliche Vortrag nicht überzeugt. Die gute Nachricht: Mit Copilot M365 können Sie sich optimal auf diesen entscheidenden Moment vorbereiten, indem Sie maßgeschneiderte Vortragsnotizen und Übungsmaterialien erstellen, die Ihren persönlichen Präsentationsstil unterstützen.

In meinen Trainings erlebe ich regelmäßig, wie selbst erfahrene Präsentatoren mit der Vortragsvorbereitung kämpfen. Ein Vertriebsleiter gestand mir kürzlich: "Ich erstelle meine Folien immer in letzter Minute und habe dann keine Zeit mehr, mich auf den eigentlichen Vortrag vorzubereiten. Das Ergebnis ist, dass ich oft unvorbereitet vor dem Publikum stehe und meine Gedanken sortieren muss, während alle warten." Diese Situation kennen viele, doch mit Copilot gehört sie der Vergangenheit an.

Vortragsnotizen sind weit mehr als nur Gedächtnisstützen. Sie sind strategische Werkzeuge, die Ihren Vortrag strukturieren, Ihre Kernbotschaften verstärken und Ihnen die Sicherheit geben, frei und überzeugend zu sprechen. Mit Copilot können Sie in Rekordzeit personalisierte Notizen erstellen, die genau auf Ihren Präsentationsstil zugeschnitten sind.

Der erste Schritt besteht darin, Ihren persönlichen Notizbedarf zu definieren. Jeder Vortragende hat unterschiedliche Präferenzen:

- **Minimalistische Stichwortgeber**: Kurze Phrasen oder einzelne Wörter, die als Trigger für Ihre vorbereiteten Gedanken dienen

- **Detaillierte Sprechnotizen**: Ausformulierte Sätze oder Absätze, die Sie bei Bedarf ablesen können

- **Strukturierte Übergänge**: Verbindungssätze zwischen verschiedenen Folien oder Themenblöcken

- **Rhetorische Elemente**: Vorbereitete Fragen, Zitate oder Anekdoten, die Ihren Vortrag bereichern

Ein effektiver Prompt für Copilot könnte lauten: "Erstelle Vortragsnotizen für meine Präsentation zum Thema [Thema]. Mein Vortragsstil ist [beschreibender Stil, z.B. dialogorientiert, faktenbetont, narrativ], und ich bevorzuge [Art der Notizen, z.B. Stichpunkte, ausformulierte Sätze, rhetorische Fragen]. Die Präsentation dauert insgesamt [Zeitrahmen] und richtet sich an [Zielgruppe]."

Eine Marketingleiterin aus meinem Workshop berichtete begeistert: "Die von Copilot generierten Notizen haben meinen Vortragsstil perfekt getroffen. Sie enthielten genau die richtigen rhetorischen Fragen und Übergänge, um meine Geschichte überzeugend zu erzählen. Das Publikum war wie gebannt."

Für verschiedene Folientypen benötigen Sie unterschiedliche Arten von Notizen. Mit Copilot können Sie diese gezielt anfordern:

- **Für Titelfolien**: "Erstelle eine packende Eröffnung für meine Titelfolie, die sofort Aufmerksamkeit weckt und das Thema [Thema] einführt. Integriere eine überraschende Statistik oder provokante Frage."

- **Für Datenfolien**: "Formuliere prägnante Erläuterungen für meine Datenfolie zu [Thema], die die zentralen Erkenntnisse hervorheben und deren Bedeutung für [Zielgruppe] verdeutlichen."

- **Für Übergangsfolien**: "Entwickle einen fließenden Übergang von meinem Abschnitt über [Thema A] zum nächsten Abschnitt über [Thema B], der den logischen Zusammenhang zwischen beiden betont."

- **Für Abschlussfolien**: "Erstelle einen wirkungsvollen Schlusssatz für meine Präsentation, der die Kernbotschaft unterstreicht und zu [gewünschte Handlung] motiviert."

Ein Projektmanager teilte seine Erfahrung: "Die folienspezifischen Notizen von Copilot haben mir geholfen, den roten Faden durch meine komplexe technische Präsentation zu bewahren. Besonders wertvoll waren die Übergänge zwischen den verschiedenen technischen Konzepten, die die logische Verbindung für das Publikum herstellten."

Die Zeitplanung ist ein weiterer kritischer Aspekt der Vortragsvorbereitung. Mit diesem Prompt unterstützt Copilot Sie dabei: "Erstelle eine Zeitplanung für meinen 20-minütigen Vortrag mit 15 Folien. Verteile die Zeit so, dass Kernbotschaften ausreichend Raum erhalten und bleibt Flexibilität für Fragen oder Diskussionen."

Besonders wertvoll ist die Fähigkeit von Copilot, Notizen zu erstellen, die potenzielle Fragen und Einwände antizipieren. Mit diesem Prompt sind Sie bestens vorbereitet: "Identifiziere mögliche kritische Fragen oder Einwände zu meiner Präsentation über [Thema] und formuliere überzeugende Antworten, die ich bei Bedarf einsetzen kann."

Eine Unternehmensberaterin berichtete: "Die von Copilot vorbereiteten Antworten auf potenzielle Einwände haben mir enormes Selbstvertrauen gegeben. Als tatsächlich eine der vorhergesagten Fragen kam, konnte ich souverän und vorbereitet reagieren, was meine Glaubwürdigkeit deutlich stärkte."

Die Anpassung an verschiedene Vortragssituationen ist ein weiterer Bereich, in dem Copilot glänzt. Ein typisches Szenario: Sie haben eine Präsentation erstellt, müssen sie aber in unterschiedlichen Zeitfenstern vortragen. Mit diesem Prompt meistern Sie die Herausforderung: "Erstelle Vortragsnotizen für zwei Versionen meiner Präsentation: eine 10-minütige Kurzversion für das Management und eine 30-minütige ausführliche Version für das Fachteam. Markiere, welche Folien und Inhalte in der Kurzversion weggelassen werden können."

Für das Üben Ihrer Präsentation bietet Copilot wertvolle Unterstützung. Übungsmaterialien helfen Ihnen, Ihren Vortrag zu perfektionieren, bevor Sie vor Ihr Publikum treten. Mit diesen Prompts erstellen Sie effektive Übungshilfen:

- **Feedback-Checkliste**: "Erstelle eine Feedback-Checkliste für meine Übungssitzungen, die wichtige Aspekte wie Sprechgeschwindigkeit, Körpersprache, Blickkontakt und Umgang mit visuellen Hilfsmitteln abdeckt."

- **Zeitlicher Ablaufplan**: "Entwickle einen detaillierten Zeitplan für meine Übungssitzungen, der sicherstellt, dass ich alle Teile meiner Präsentation ausreichend probe, mit besonderem Fokus auf Einleitung und Schluss."

- **Selbstevaluierungsfragen**: "Formuliere kritische Selbstevaluierungsfragen, die ich nach jeder Übungssession beantworten sollte, um meine Fortschritte zu verfolgen und Verbesserungspotenziale zu identifizieren."

Ein Finanzanalyst teilte seine Erfahrung: "Die Selbstevaluierungsfragen von Copilot haben mir geholfen, blinde Flecken in meinem Vortragsstil zu erkennen. Ich hatte nicht bemerkt, wie oft ich bestimmte Füllwörter benutze und wie wenig Blickkontakt ich halte. Durch gezieltes Üben mit den von Copilot erstellten Materialien konnte ich diese Schwächen deutlich verbessern."

Die Integration von Storytelling-Elementen in Ihre Vortragsnotizen kann die Wirkung Ihrer Präsentation dramatisch steigern. Mit diesem Prompt unterstützt Copilot Sie dabei: "Ergänze meine Vortragsnotizen um passende narrative Elemente, persönliche Anekdoten oder Metaphern, die meine Kernbotschaften veranschaulichen und emotional verankern."

Eine Vertriebsleiterin berichtete begeistert: "Die von Copilot vorgeschlagenen Storytelling-Elemente haben meine faktenbasierte Produktpräsentation in eine fesselnde Geschichte verwandelt. Die Kunden konnten sich mit den Beispielen identifizieren und haben die Produktvorteile viel besser verstanden und behalten."

Für komplexe Präsentationen mit technischen Inhalten kann Copilot Ihnen helfen, Fachbegriffe verständlich zu erklären: "Füge meinen Vortragsnotizen einfache Erklärungen für die technischen Begriffe [Begriffe aufzählen] hinzu, die ich bei Bedarf nutzen kann, wenn ich merke, dass mein Publikum nicht folgen kann."

Die Vorbereitung auf verschiedene Publikumsreaktionen ist ein weiterer wichtiger Aspekt. Mit diesem Prompt sind Sie auf unterschiedliche Szenarien vorbereitet: "Erstelle alternative Vortragsnotizen für verschiedene Publikumsreaktionen: eine Version für ein sehr interessiertes, fragendes Publikum, eine für ein zurückhaltendes Publikum und eine für ein skeptisches Publikum."

Ein besonders wertvoller Aspekt von Copilot ist die Fähigkeit, Vortragsnotizen zu erstellen, die Ihren persönlichen Sprachstil reflektieren. Ein effektiver Prompt dafür: "Analysiere den Stil meiner bisherigen Präsentationstexte und erstelle Vortragsnotizen, die meinen natürlichen Sprachduktus und meine typischen Formulierungen aufgreifen."

Die tägliche Vortragspraxis zeigt: Selbst die beste Vorbereitung kann durch unerwartete Ereignisse herausgefordert werden. Mit diesem Prompt hilft Ihnen Copilot, auf Überraschungen vorbereitet zu sein: "Entwickle Notfallphrasen und Überbrückungsstrategien für typische unerwartete Situationen wie technische Probleme, Zeitüberschreitungen oder abschweifende Diskussionen."

Ein IT-Leiter aus meinem Workshop teilte seine Erfahrung: "Während meiner Präsentation fiel plötzlich der Projektor aus. Dank der von Copilot vorbereiteten Überbrückungsstrategien konnte ich die Situation souverän meistern und die Zeit sinnvoll nutzen, bis die Technik wieder funktionierte. Das hat mir viel Respekt beim Management eingebracht."

Die Nachhaltigkeit Ihrer Präsentation wird durch gut vorbereitete Abschlussnotizen unterstützt. Mit diesem Prompt stellen Sie sicher, dass Ihre Botschaft im Gedächtnis bleibt: "Erstelle wirkungsvolle Abschlussnotizen für meine Präsentation, die die Kernbotschaften zusammenfassen, einen klaren Call-to-Action formulieren und einen einprägsamen letzten Satz enthalten, der nachhallt."

Mein Tipp für alle, die mit Lampenfieber kämpfen: Nutzen Sie Copilot, um beruhigende Notizen zu erstellen, die Sie vor dem Vortrag durchlesen können. Ein entsprechender Prompt: "Erstelle motivierende Notizen, die ich vor meiner Präsentation lesen kann, um mein Selbstvertrauen zu stärken und mein Lampenfieber zu reduzieren."

Die optimale Vorbereitung mit Copilot umfasst auch die Erstellung eines persönlichen Spickzettels, der nur für Ihre Augen bestimmt ist. Ein effektiver Prompt dafür: "Erstelle einen kompakten Spickzettel im Karteikartenformat, der die absolute Essenz meiner

Präsentation enthält und den ich im Notfall schnell konsultieren kann, ohne den Fluss zu unterbrechen."

Im nächsten Abschnitt werden wir uns damit beschäftigen, wie Sie mit Copilot die Kollaboration und das Teilen Ihrer Präsentation optimieren können, um maximale Wirkung zu erzielen und nachhaltige Ergebnisse zu sichern.

5.2.2 KOLLABORATION UND TEILEN IHRER PRÄSENTATION OPTIMIEREN

Die besten Ideen entstehen selten im Alleingang. Präsentationen in modernen Arbeitsumgebungen sind zunehmend das Ergebnis kollaborativer Prozesse, bei denen verschiedene Expertisen und Perspektiven zusammenfließen. Mit Copilot M365 erreicht diese Zusammenarbeit eine neue Dimension der Effizienz und Qualität. Die intelligente Unterstützung bei der Kollaboration und dem Teilen von Präsentationen stellt sicher, dass Ihre sorgfältig erarbeiteten Inhalte optimal zur Geltung kommen und ihre maximale Wirkung entfalten.

Teamarbeit an Präsentationen bringt traditionell zahlreiche Herausforderungen mit sich. Eine Produktmanagerin beschrieb mir ihre Erfahrung so: "Früher bedeutete kollaboratives Arbeiten an einer Präsentation endlose E-Mail-Schleifen mit verschiedenen Versionen, Formatierungsprobleme und frustrierende Zusammenführungsversuche. Mit Copilot hat sich dieser Prozess grundlegend gewandelt." Diese Transformation der Zusammenarbeit an Präsentationen ist ein entscheidender Faktor für die Effizienzsteigerung in modernen Teams.

Die Optimierung der Kollaboration mit Copilot beginnt bereits in der Konzeptions- und Planungsphase. Statt isoliert zu arbeiten, können Sie die KI nutzen, um Ideen und Beiträge verschiedener

Teammitglieder zu integrieren und eine kohärente Präsentation zu erstellen. Ein effektiver Prompt dafür könnte lauten: "Analysiere die Notizen und Stichpunkte von [Teammitglied 1, 2, 3] zum Thema [Thema] und erstelle eine strukturierte Präsentation, die alle wichtigen Aspekte integriert und einen konsistenten Stil aufweist."

Die Stärke dieses Ansatzes liegt in der Fähigkeit von Copilot, unterschiedliche Perspektiven zu harmonisieren, ohne dass wichtige Inhalte verloren gehen. Ein Unternehmensberater berichtete mir: "Bei unserem letzten Kundenprojekt mussten Expertise aus drei verschiedenen Abteilungen in eine Abschlusspräsentation einfließen. Copilot half uns, die unterschiedlichen Fachsprachen und Schwerpunkte in eine kohärente Geschichte zu verwandeln, die für den Kunden leicht verständlich war."

Für die effektive Kollaboration in Microsoft 365 bietet Copilot spezifische Unterstützung bei verschiedenen Aspekten:

1. **Versionskontrolle und Integration verschiedener Beiträge**

   o Zusammenführen mehrerer Arbeitsversionen in ein konsistentes Dokument

   o Identifizieren und Lösen von Widersprüchen oder Redundanzen

   o Beibehalten eines einheitlichen Stils über alle Abschnitte hinweg

2. **Rollenbasierte Anpassung und Zielgruppenoptimierung**

- Generieren verschiedener Versionen für unterschiedliche Stakeholder

- Anpassen der Detailtiefe und Fachsprache an verschiedene Zielgruppen

- Erstellen maßgeschneiderter Handouts oder Begleitmaterialien

3. **Nahtlose Integration mit anderen Microsoft 365-Diensten**

- Einbinden von Inhalten aus Teams, SharePoint oder OneDrive

- Synchronisieren von Änderungen über verschiedene Plattformen hinweg

- Nutzen kollaborativer Funktionen in Echtzeit

Ein IT-Leiter teilte seine Erfahrung: "Die Integration mit dem gesamten Microsoft 365-Ökosystem ist der wahre Game-Changer. Copilot kann Daten aus unseren SharePoint-Dokumenten, Teams-Chats und Excel-Tabellen zusammenführen und in eine PowerPoint-Präsentation transformieren, die wirklich alle relevanten Informationen enthält."

Die Zusammenarbeit an einer Präsentation umfasst häufig verschiedene Phasen mit unterschiedlichen Beteiligten. Mit diesem Prompt können Sie Copilot bitten, einen strukturierten Kollaborationsprozess zu entwerfen: "Erstelle einen Zeitplan und Workflow für die kollaborative Erstellung unserer Quartalspräsentation mit folgenden Beteiligten: [Rolle 1] für Datenanalyse, [Rolle 2] für Marketingperspektive, [Rolle 3] für visuelle Gestaltung und [Rolle 4] für die finale Freigabe."

Eine Marketing-Direktorin beschrieb, wie dieser Ansatz ihrem Team half: "Früher verloren wir viel Zeit durch unklare Zuständigkeiten und Fristen. Mit dem von Copilot entwickelten Kollaborationsplan wusste jeder genau, wann sein Input erwartet wurde und wie er in das Gesamtbild passte. Das hat unsere Vorbereitungszeit für die Vorstandspräsentation halbiert."

Das Teilen Ihrer Präsentation mit verschiedenen Zielgruppen ist ein weiterer Bereich, in dem Copilot wertvolle Unterstützung bietet. Mit gezielten Prompts können Sie verschiedene Versionen Ihrer Präsentation für unterschiedliche Kontexte erstellen:

- **Für interne vs. externe Kommunikation**: "Passe meine Präsentation für externe Stakeholder an, indem du vertrauliche Informationen entfernst oder verallgemeinerst und die Sprache neutraler gestaltest."

- **Für verschiedene Hierarchieebenen**: "Erstelle zwei Versionen meiner Präsentation: eine ausführliche für das Fachteam und eine konzentrierte Executive Summary für die Geschäftsführung."

- **Für internationale Zielgruppen**: "Passe meine Präsentation für ein internationales Publikum an, berücksichtige kulturelle Unterschiede und stelle sicher, dass alle Beispiele und Referenzen global verständlich sind."

Ein Global Account Manager berichtete mir: "Die Fähigkeit, mit einem Klick kulturell angepasste Versionen meiner Präsentation zu erstellen, hat mir bei internationalen Kunden einen enormen Vorteil verschafft. Copilot passt nicht nur die Sprache an, sondern auch kulturelle Referenzpunkte und Beispiele."

Die technischen Aspekte des Teilens von Präsentationen werden durch Copilot ebenfalls optimiert. Mit diesen Prompts können Sie sicherstellen, dass Ihre Präsentation optimal geteilt werden kann:

- **Für Online-Präsentationen**: "Optimiere meine Präsentation für eine Online-Übertragung, indem du die Dateigröße reduzierst, die Lesbarkeit auf kleinen Bildschirmen verbesserst und interaktive Elemente vorschlägst."

- **Für asynchrone Nutzung**: "Erweitere meine Präsentation um Notizen und Kontextinformationen, damit sie auch ohne meine mündlichen Erläuterungen vollständig verständlich ist."

- **Für verschiedene Endgeräte**: "Stelle sicher, dass meine Präsentation auf verschiedenen Geräten und Plattformen optimal dargestellt wird, von Desktop bis Mobilgeräten."

Die Feedbackschleife ist ein entscheidender Teil des Kollaborationsprozesses. Copilot kann Ihnen helfen, Feedback systematisch einzuholen und zu verarbeiten:

1. **Feedback-Strukturen entwickeln**

   - Erstellen von gezielten Feedback-Formularen oder Umfragen

   - Formulieren von spezifischen Fragen zu verschiedenen Aspekten der Präsentation

   - Sammeln und Organisieren von Feedback aus verschiedenen Quellen

2. Feedbackanalyse und Integration

- Zusammenfassen und Kategorisieren verschiedener Rückmeldungen

- Identifizieren wiederkehrender Themen oder Verbesserungsvorschläge

- Priorisieren von Änderungen basierend auf Relevanz und Machbarkeit

Ein Projektleiter aus der Automobilindustrie teilte mir mit: "Nach wichtigen Präsentationen nutze ich Copilot, um das gesammelte Feedback zu analysieren und Muster zu erkennen. So kann ich systematisch an meiner Präsentationstechnik arbeiten, statt mich nur auf subjektive Eindrücke zu verlassen."

Die Sicherheitsaspekte beim Teilen von Präsentationen sollten nie vernachlässigt werden. Mit Copilot können Sie sicherstellen, dass vertrauliche Informationen angemessen geschützt werden:

- **Identifizieren sensibler Inhalte**: "Prüfe meine Präsentation auf potenziell vertrauliche oder sensible Informationen, die vor dem Teilen mit [Zielgruppe] entfernt oder anonymisiert werden sollten."

- **Zugriffsrechte vorbereiten**: "Erstelle eine Übersicht der empfohlenen Zugriffsberechtigungen für verschiedene Teile meiner Präsentation, basierend auf der Vertraulichkeit der Inhalte."

- **Compliance-Check**: "Prüfe, ob meine Präsentation allen relevanten Datenschutz- und Compliance-Richtlinien entspricht, bevor ich sie extern teile."

Die nachhaltige Nutzung Ihrer Präsentation wird durch intelligente Archivierung und Wiederverwendbarkeit gewährleistet. Ein effektiver Prompt dafür: "Strukturiere meine Präsentation so, dass einzelne Module leicht für zukünftige Präsentationen wiederverwendet werden können. Erstelle ein Inhaltsverzeichnis und Tags für die verschiedenen Abschnitte."

Eine Marketingleiterin berichtete: "Durch die modulare Struktur, die Copilot für unsere Produktpräsentationen entwickelt hat, können wir jetzt in kürzester Zeit kundenspezifische Versionen zusammenstellen, ohne bei Null anfangen zu müssen. Das spart uns enorm viel Zeit und sorgt für konsistente Kommunikation."

Die Integration von Feedback und kontinuierliche Verbesserung Ihrer Präsentationen wird durch Copilot zu einem systematischen Prozess. Mit diesem Prompt können Sie einen Zyklus kontinuierlicher Verbesserung etablieren:

"Erstelle basierend auf dem gesammelten Feedback einen Aktionsplan zur Verbesserung meiner Präsentation für die nächste Runde. Priorisiere die Änderungen nach Aufwand und erwartetem Impact und schlage konkrete Maßnahmen vor."

Ein Consultant aus dem Finanzbereich teilte seine Erfahrung: "Dieser systematische Ansatz zur Präsentationsverbesserung hat meine Erfolgsquote bei Pitches deutlich erhöht. Ich lerne kontinuierlich aus jeder Präsentation und verfeinere meinen Ansatz, anstatt immer die gleichen Fehler zu wiederholen."

Die Macht der Kollaboration liegt letztlich in der Synergie verschiedener Perspektiven und Expertisen. Copilot M365 fungiert dabei als Katalysator, der diese Synergie verstärkt und den kollaborativen Prozess effizienter, strukturierter und ergebnisreicher gestaltet. Das Ergebnis sind Präsentationen, die nicht nur technisch und inhaltlich überzeugen, sondern auch die kollektive Intelligenz Ihres Teams optimal zur Geltung bringen.

Im Zusammenspiel aller in diesem Buch vorgestellten Techniken und Methoden entfaltet sich das volle Potenzial von Copilot M365 für PowerPoint. Von der ersten Ideenfindung über die strukturierte Entwicklung, visuelle Gestaltung und Datenvisualisierung bis hin zur kollaborativen Finalisierung und Präsentation haben Sie nun ein komplettes Toolkit an der Hand, um in Rekordzeit impactstarke Präsentationen zu erstellen, die Ihr Publikum begeistern werden.

FAZIT

Die Reise durch die Welt der KI-gestützten Präsentationserstellung gleicht einer Entdeckungsreise, die uns von vertrauten Küsten zu neuen Horizonten geführt hat. Wir haben gemeinsam erkundet, wie Copilot M365 die Art und Weise, wie wir Präsentationen erstellen, grundlegend verändert. Vom ersten zaghaften Prompt bis zur souveränen Beherrschung dieser Technologie haben wir einen Weg zurückgelegt, der nicht nur unsere Effizienz steigert, sondern auch neue kreative Möglichkeiten eröffnet. In diesem Fazit möchte ich die wichtigsten Erkenntnisse zusammenführen und einen Blick in die Zukunft der Präsentationserstellung werfen.

Als ich vor einigen Jahren begann, mich intensiv mit der KI-Unterstützung bei Präsentationen zu beschäftigen, konnte ich kaum ahnen, welch transformative Kraft diese Technologie entfalten würde. Was als einfaches Werkzeug zur Texterstellung begann, hat sich zu einem umfassenden kreativen Partner entwickelt, der uns in allen Phasen der Präsentationserstellung unterstützt. Die anfängliche Skepsis vieler meiner Workshopteilnehmer ist längst einer Begeisterung gewichen, die sich in Aussagen wie dieser widerspiegelt: "Ich hätte nie gedacht, dass ich einmal mit einer KI zusammenarbeiten würde, um bessere Präsentationen zu erstellen, als ich es alleine je könnte."

Die Transformation der Präsentationserstellung durch Copilot M365 ist mehr als nur ein technologischer Fortschritt. Sie markiert einen Paradigmenwechsel in unserer Arbeitsweise. Wir bewegen uns von einer isolierten, oft mühsamen Tätigkeit hin zu einem kollaborativen Prozess, in dem wir unsere menschliche Kreativität und Expertise mit der Effizienz und analytischen Kraft der KI verbinden. Diese Synergie eröffnet neue Dimensionen der Produktivität und Qualität.

Erinnern wir uns an die Herausforderungen, die am Anfang unserer Reise standen: Die quälende "Angst vor dem leeren Blatt", die stundenlange Suche nach dem perfekten Design, die Mühe, komplexe Daten verständlich zu visualisieren, und der ständige Zeitdruck, unter dem wir alle arbeiten. Diese Hürden haben wir systematisch adressiert und Strategien entwickelt, um sie mit Hilfe von Copilot zu überwinden.

Die fünf zentralen Transformationen, die wir in diesem Buch erkundet haben, bilden das Fundament einer neuen Art der Präsentationserstellung:

1. **Von der Blockade zur Inspiration**

    o   Die Überwindung des leeren Bildschirms durch KI-gestütztes Brainstorming

    o   Die Entwicklung strukturierter Gliederungen in Minuten statt Stunden

    o   Die Formulierung prägnanter Kernbotschaften mit Unterstützung von Copilot

2. **Von technischer Mühe zu kreativer Freiheit**

    o   Die Befreiung von zeitraubenden Formatierungsaufgaben

    o   Die Fokussierung auf strategische Entscheidungen statt technische Details

    o   Die Entfaltung kreativen Potenzials durch Ideengenerierung und Variation

3. **Von visueller Unsicherheit zu gestalterischer Souveränität**

   o Die mühelose Erstellung professioneller Designs ohne Designexpertise

   o Die nahtlose Integration passender Bilder und Grafiken

   o Die konsistente Wahrung der Corporate Identity über alle Folien hinweg

4. **Von unklaren Daten zu überzeugenden Visualisierungen**

   o Die Transformation komplexer Zahlen in verständliche Diagramme

   o Die professionelle Gestaltung von Datenvisualisierungen

   o Die Entwicklung einer datengestützten narrativen Struktur

5. **Von isolierter Arbeit zu kollaborativer Exzellenz**

   o Die optimierte Zusammenarbeit im Team mit Copilot als zentralem Hub

   o Die effiziente Anpassung von Präsentationen für verschiedene Zielgruppen

   o Die nahtlose Integration von Feedback und kontinuierliche Verbesserung

Ein besonders eindrucksvolles Beispiel dieser Transformation erlebte ich bei einem Workshop mit einem Team aus dem Finanzsektor. Die Quartalspräsentation, die früher drei Tage in Anspruch nahm und dennoch oft als trocken und unzugänglich empfunden wurde, konnte mit Copilot in einem halben Tag erstellt werden. Doch noch beeindruckender als die Zeitersparnis war die qualitative Verbesserung: Komplexe Finanzdaten wurden durch klare Visualisierungen greifbar, die Struktur folgte einer überzeugenden Dramaturgie, und die Kernbotschaften waren prägnant und einprägsam formuliert. "Zum ersten Mal haben alle Abteilungen unsere Zahlen wirklich verstanden", berichtete mir der Finanzleiter später begeistert.

Die Effizienzsteigerung durch Copilot M365 lässt sich in beeindruckenden Zahlen messen. In meinen Workshops berichten Teilnehmer regelmäßig von Zeitersparnissen zwischen 40% und 70% bei der Präsentationserstellung. Eine Marketingleiterin fasste es so zusammen: "Was früher einen ganzen Arbeitstag gekostet hat, erledige ich jetzt in zwei Stunden. Und das Ergebnis ist deutlich besser als zuvor."

Doch die wahre Revolution liegt nicht allein in der Zeitersparnis, sondern in der Qualitätssteigerung. Präsentationen werden durch Copilot nicht nur schneller, sondern auch inhaltlich durchdachter, strukturell klarer und visuell ansprechender. Die KI hilft uns, unsere Gedanken zu ordnen, unsere Botschaften zu schärfen und unsere Ideen visuell überzeugend darzustellen. Das Ergebnis sind Präsentationen, die nicht nur informieren, sondern begeistern und zum Handeln motivieren.

Der Weg zu dieser neuen Art der Präsentationserstellung ist kein gerader Pfad, sondern eine Reise mit Kurven und gelegentlichen Umwegen. In meinen Workshops erlebe ich regelmäßig, wie Teilnehmer zunächst mit der Formulierung effektiver Prompts kämpfen oder skeptisch sind, ob die KI ihre spezifischen Anforderungen verstehen kann. Doch mit jeder gelungenen

Interaktion wächst das Vertrauen, und bald entsteht ein fließender Dialog zwischen Mensch und KI, der zu immer besseren Ergebnissen führt.

Die Schlüsselerkenntnis lautet: Copilot M365 ersetzt nicht unsere menschliche Kreativität und Expertise, sondern verstärkt und erweitert sie. Die KI ist kein Autopilot, der uns die Arbeit abnimmt, sondern ein Co-Pilot, der uns unterstützt und neue Perspektiven eröffnet. Der menschliche Faktor bleibt entscheidend – unsere strategischen Entscheidungen, unsere fachliche Kompetenz und unser Gespür für die Bedürfnisse unseres Publikums.

Die Metapher des Tanzes beschreibt diese neue Art der Zusammenarbeit treffend. In einem guten Tanz führt ein Partner, während der andere folgt, doch beide bringen ihre eigenen Stärken ein und reagieren aufeinander. Manchmal führen wir, indem wir präzise Anweisungen geben, manchmal lassen wir uns von den Vorschlägen der KI inspirieren und folgen neuen kreativen Pfaden. Es ist dieser dynamische Wechsel, dieser kreative Dialog, der die wahre Magie der KI-gestützten Präsentationserstellung ausmacht.

Die Zukunft dieser Technologie verspricht weitere spannende Entwicklungen. Mit jedem Update von Copilot M365 werden neue Funktionen und Verbesserungen eingeführt, die unsere Arbeit noch effizienter und kreativer machen. Die Integration mit anderen Microsoft-Diensten wird nahtloser, die Verständnisfähigkeit der KI differenzierter, und die generierten Inhalte werden immer präziser auf unsere Bedürfnisse zugeschnitten.

Schon heute sehen wir Ansätze einer noch tieferen Integration von KI in den Präsentationsprozess. Stellen Sie sich vor, Copilot könnte während Ihres Vortrags in Echtzeit auf Reaktionen des Publikums reagieren, alternative Folien vorschlagen oder zusätzliche Daten einblenden, wenn Fragen auftauchen. Oder denken Sie an personalisierte Präsentationen, die sich automatisch an den individuellen Interessen und Vorwissen jedes Zuschauers orientieren. Diese Zukunftsvisionen mögen heute noch ambitioniert klingen, doch die Geschwindigkeit der technologischen Entwicklung lässt erwarten, dass sie schneller Realität werden könnten, als wir denken.

Die Frage, die sich viele stellen, lautet: Werden KIs wie Copilot irgendwann menschliche Präsentatoren ersetzen? Meine klare Antwort lautet: Nein. Die authentische menschliche Verbindung, die Fähigkeit zur Empathie und das intuitive Verständnis für die Dynamik einer Präsentationssituation bleiben einzigartige menschliche Qualitäten. Was sich ändert, ist die Art und Weise, wie wir Präsentationen vorbereiten und gestalten. Die KI befreit uns von Routineaufgaben und technischen Hürden, damit wir uns auf das konzentrieren können, was wirklich zählt: die Botschaft, die wir vermitteln wollen, und die Verbindung zu unserem Publikum.

Der nachhaltige Erfolg mit Copilot M365 basiert auf einigen grundlegenden Prinzipien, die ich in meiner Arbeit mit hunderten von Workshopteilnehmern identifiziert habe:

- **Klare Intention**: Definieren Sie genau, was Sie erreichen wollen, bevor Sie mit Copilot interagieren.

- **Präzise Kommunikation**: Formulieren Sie Ihre Prompts so spezifisch und kontextreich wie möglich.

- **Kritisches Denken**: Bewerten Sie die Vorschläge der KI aktiv und treffen Sie bewusste Auswahlentscheidungen.

- **Iterativer Prozess**: Verstehen Sie die Arbeit mit Copilot als Dialog, nicht als einmalige Anfrage-Antwort-Sequenz.

- **Kontinuierliches Lernen**: Bleiben Sie neugierig und experimentieren Sie mit neuen Funktionen und Ansätzen.

Diese Prinzipien bilden das Fundament für eine fruchtbare Zusammenarbeit mit Copilot M365 und ermöglichen es Ihnen, das volle Potenzial dieser Technologie auszuschöpfen.

Die persönlichen Erfolgsgeschichten meiner Workshopteilnehmer sind vielleicht die überzeugendste Bestätigung für die transformative Kraft dieser Technologie. Da ist der Projektleiter, der seine wöchentlichen Statusberichte nun in einem Viertel der Zeit erstellt und dadurch mehr Raum für strategische Aufgaben gewonnen hat. Oder die Marketingleiterin, deren Produktpräsentationen durch überzeugende Visualisierungen und klare Kernbotschaften zu deutlich höheren Conversion-Raten führen. Oder der Finanzanalyst, der komplexe Daten nun so aufbereitet, dass auch Nicht-Experten die Zusammenhänge sofort verstehen.

All diese Erfolge basieren auf der gezielten Anwendung der in diesem Buch vorgestellten Strategien und Techniken. Sie zeigen, dass der Einsatz von Copilot M365 nicht nur eine Frage der Technologieadoption ist, sondern eine strategische Entscheidung, die messbare Ergebnisse liefert.

Was bedeutet dies nun für Ihre persönliche Reise mit Copilot M365? Ich möchte Sie ermutigen, die vorgestellten Konzepte und Techniken aktiv in Ihren Arbeitsalltag zu integrieren. Beginnen Sie mit kleinen, überschaubaren Projekten, um Vertrauen in Ihre Fähigkeiten und die Möglichkeiten der KI zu entwickeln. Experimentieren Sie mit verschiedenen Prompts und Ansätzen, um Ihren persönlichen Stil in der Zusammenarbeit mit Copilot zu finden. Und teilen Sie Ihre Erfahrungen mit Kollegen, um gemeinsam zu lernen und zu wachsen.

Die Reise zur Meisterschaft in der KI-gestützten Präsentationserstellung ist kein Sprint, sondern ein Marathon. Mit jedem Projekt, jeder Interaktion mit Copilot entwickeln Sie ein tieferes Verständnis und eine größere Fertigkeit. Seien Sie geduldig mit sich selbst und feiern Sie Ihre Fortschritte. Die Investition in diese Fähigkeiten wird sich vielfach auszahlen, nicht nur in Form von Zeitersparnis, sondern auch durch die Qualität und Wirkung Ihrer Präsentationen.

Eine wichtige Erkenntnis aus meiner Arbeit mit Führungskräften und Teams ist: Die Integration von Copilot M365 in den Arbeitsalltag ist nicht nur eine individuelle, sondern auch eine organisatorische Herausforderung. Um das volle Potenzial dieser Technologie zu nutzen, braucht es eine Kultur der Offenheit für Innovation, des kontinuierlichen Lernens und des Wissensaustauschs. Unternehmen, die ihre Mitarbeiter aktiv bei der Aneignung dieser neuen Fähigkeiten unterstützen, werden einen signifikanten Wettbewerbsvorteil erzielen.

Eine Frage, die mir oft gestellt wird, lautet: "Wie bleibe ich auf dem Laufenden, wenn sich die Technologie so schnell weiterentwickelt?" Meine Antwort ist dreifach: Erstens, bleiben Sie neugierig und offen für Neues. Experimentieren Sie regelmäßig mit den aktuellen Funktionen von Copilot. Zweitens, nutzen Sie Ressourcen wie die Microsoft-Dokumentation, Blogs und Foren, um über Updates und neue Features informiert zu bleiben. Und drittens, tauschen Sie sich in einer Community von Gleichgesinnten aus, sei es in Ihrem Unternehmen oder in professionellen Netzwerken.

Die ethischen Dimensionen des KI-Einsatzes sollten in unseren Überlegungen nicht fehlen. Mit großer Macht kommt große Verantwortung. Der verantwortungsvolle Einsatz von Copilot M365 bedeutet, die Grenzen der Technologie zu kennen und zu respektieren. Es bedeutet, transparent zu sein über den KI-Einsatz, wenn dies relevant ist. Und es bedeutet, die menschliche Urteilsfähigkeit und Kreativität weiterhin zu schätzen und zu fördern.

Die Balance zwischen KI-Unterstützung und menschlichem Input ist eine Kunst, die wir kontinuierlich verfeinern müssen. Zu viel Vertrauen in die KI kann zu generischen, seelenlosen

Präsentationen führen. Zu wenig Offenheit für die Unterstützung durch Copilot lässt uns wertvolle Effizienz- und Qualitätsgewinne verschenken. Der goldene Mittelweg liegt in einer bewussten, reflektierten Zusammenarbeit, in der wir die Stärken beider Seiten optimal nutzen.

Als Trainerin für Präsentationstechniken erlebe ich oft, wie der Einsatz von Copilot M365 nicht nur die Effizienz steigert, sondern auch das Selbstvertrauen der Präsentierenden stärkt. Wenn die technischen Hürden und die "Angst vor dem leeren Blatt" überwunden sind, können sich die Menschen auf das konzentrieren, was wirklich zählt: ihre Botschaft, ihre Expertise und ihre Verbindung zum Publikum. Dies führt zu authentischeren, überzeugenderen Präsentationen und letztlich zu größerem beruflichen Erfolg.

Ein letzter Gedanke, den ich Ihnen mit auf den Weg geben möchte: Die Technologie entwickelt sich weiter, doch die Grundprinzipien überzeugender Kommunikation bleiben bestehen. Klarheit, Relevanz, Struktur und Authentizität sind zeitlose Qualitäten, die keine KI ersetzen kann. Copilot M365 ist ein mächtiges Werkzeug, um diese Qualitäten zur Geltung zu bringen, aber es ist Ihre menschliche Intelligenz, Ihre Erfahrung und Ihre Leidenschaft, die den entscheidenden Unterschied machen.

Nun liegt es an Ihnen, die nächsten Schritte zu gehen. Ich hoffe, dass dieses Buch Ihnen nicht nur praktische Werkzeuge an die Hand gegeben hat, sondern auch Inspiration und Mut, neue Wege in der Präsentationserstellung zu beschreiten. Die Reise mit Copilot M365 hat gerade erst begonnen, und ich bin überzeugt, dass sie uns zu neuen Höhen der Effizienz, Kreativität und Wirksamkeit führen wird.

Lassen Sie uns gemeinsam die Zukunft der Präsentationserstellung gestalten, eine Zukunft, in der Technologie uns nicht ersetzt, sondern befähigt, in der KI nicht nur unsere Produktivität steigert, sondern auch unsere Kreativität entfesselt. Eine Zukunft, in der jede Präsentation das Potenzial hat, zu informieren, zu inspirieren und zu transformieren.

Die Zeit der mühsamen, zeitraubenden Präsentationserstellung ist vorbei. Mit Copilot M365 als Ihrem Partner können Sie in Rekordzeit impactstarke Präsentationen erstellen, die Ihr Publikum begeistern und Ihre Botschaft kraftvoll vermitteln. Nutzen Sie diese Chance, und werden Sie Teil der Revolution in der Geschäftskommunikation. Ich freue mich darauf, von Ihren Erfolgen zu hören und die nächsten Kapitel dieser spannenden Entwicklung mit Ihnen zu erleben.

DANKSAGUNG

Dieses Buch entstand durch ein wunderbares Netzwerk von Lernenden und Lehrenden. Die kontinuierliche Interaktion mit meinen Workshopteilnehmern hat mein Verständnis von Präsentationstechniken und KI-Anwendungen stetig erweitert. Jede Frage, jeder Aha-Moment und jede Herausforderung in meinen Trainings floss direkt in diese Seiten ein und formte eine Wissensgemeinschaft, die weit über individuelle Expertise hinausgeht.

Mein besonderer Dank gilt den mutigen Pionieren in meinen Workshops, die sich als erste an Copilot M365 heranwagten, als die Technologie noch brandneu war. Eure Neugier, eure kritischen Fragen und euer Enthusiasmus haben die praktischen Methoden in diesem Buch maßgeblich geprägt.

Die Transformation unserer Arbeitswelt durch künstliche Intelligenz zeigt uns: Wahre Meisterschaft entsteht nicht in Isolation, sondern im gemeinsamen Entdecken und Experimentieren. Dieses Buch verkörpert genau diesen Geist des kollaborativen Lernens.

Ich freue mich auf Ihre Erfahrungen mit den vorgestellten Methoden. Teilen Sie gerne Ihre Erfolgsgeschichten, Ihre kreativen Anwendungen und Ihre persönlichen Durchbrüche. Gemeinsam gestalten wir die Zukunft der Präsentationserstellung.

Barbara Mayer